第一辑

中华传统文化经典注音全本

易 经

（第2版）

杨 权　邓启铜　注释

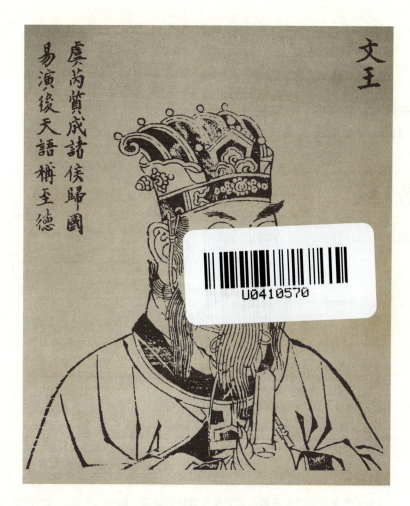

东南大学出版社
SOUTHEAST UNIVERSITY PRESS

图书在版编目（CIP）数据

易经／杨权，邓启铜注释.—2版.—南京：东南大学出版社，2013.7（2024.6重印）
（"尚雅"国学经典书系：中华传统文化经典注音全本.第1辑/邓启铜主编）
ISBN 978-7-5641-4261-2

Ⅰ.①易… Ⅱ.①杨… ②邓… Ⅲ.①《周易》–通俗读物 Ⅳ.①B221-49

中国版本图书馆CIP数据核字(2013)第107018号

责任编辑：彭克勇　责任校对：钟　良
封面设计：方楚娟　责任印制：周荣虎

易　经

出版发行	东南大学出版社
社　　址	南京市四牌楼2号　邮编：210096　电话：025-83793330
网　　址	http://www.seupress.com
电子邮件	press@seupress.com
印　　刷	东莞市信誉印刷有限公司
开　　本	787mm×1092mm　1/16
印　　张	23
字　　数	450千字
版　　次	2013年7月第2版
印　　次	2024年6月第10次印刷
书　　号	ISBN 978-7-5641-4261-2
定　　价	38.00元

本社图书若有印装质量问题，请直接与营销部调换。电话（传真）：025-83791830

与经典同行　与圣人为伍

序

"世界潮流,浩浩汤汤!"面对滚滚的世界潮流,不少有识之士发现日益国际化的中国正面临着丧失本土文化之危机。十几年来,南怀瑾大师发起的"全球儿童读经"已经从开始时的"该不该读经典"大讨论演变到"怎么读经典",然后又演变为现在的"成人读经典",大有"全民读经典"的趋势。放眼各地兴起的"书院热""国学热",无不说明以国学为主体的中华传统文化已然越来越受到重视。究其根本原因,是我们在国际交流的过程中不能没有自己的文化,要想在世界浪潮中居于主导地位,我们必须高度重视我们的传统文化经典。

传统文化是指传统社会形成的文化,它既是历史发展的内在动力,也是文化进步的智慧源泉。中华传统文化伦理思想贯穿始终;中华传统文化具有独特的审美意识和人文精神,在文学艺术上创造了辉煌的成就;中华传统文化注重对真理的思辨和追求。因此,中华传统文化是优秀的文化。

1988年,几十位诺贝尔奖得主齐聚巴黎发表宣言:"人类要在21世纪生存下去,必须回首2 500多年前,去汲取孔子的智慧。"联合国大厅里赫然书写着"己所不欲,勿施于人"。经典是唤醒人性的著作,可以开启人们的智慧!经典能深入到一个人心灵的最深处,能培养一个人优雅的举止和敦厚的品格!

早在2003年,我深受台中师范学院王财贵老师的影响,着力辅导女儿邓雅文等三位小朋友背经。不到三年的时间,他们就已熟背了《三字经》《百家姓》《千字文》《论语》《老子》《大学》《中庸》《唐诗三百首》《诗经》等经典。由于当时找不到一套好的教材,我便决心自编一套适合他们的教材。

面对中华五千年文明积累下来的经典,我们从经、史、子、集中精选了四十五种典籍作为"新月经典"之"中国传统文化经典儿童读本",分四辑陆续出版,并为其中二十种经典录制了配音CD。新书甫一推出,就被中央电视台新闻联播节目报道,并有多家媒体报道或发表了专访等。其中《论语》《三字经·百家姓·千字文》《老子·大学·中庸》等更是先后登上畅销图书排行榜,特别是《论语》,还登上了《南方都市报》2004年、2005年畅销书总排行榜。图书远销美国、加拿大、新加坡、印尼、菲律宾、中国台湾、中国香港等。无数读者来电、来信给予肯定,这些都是对我们的鼓励和鞭策。回顾这十多年的经典注释工作,真可谓:辛苦不寻常!我们在编辑、注释、注音时坚持以《四库全书》为主,遍搜各种版本,尽量多地参照最新研究成果,力争做到每个字从注释到注音都有出处,所选的必是全本,每次重印时都会将发现的错误更正,这样我们奉献给读者的图书才符合"精""准""全"的标准。也正因为如此,我们的这套经典才能在图书市场受到读者的欢迎。

和许多从事古汉语和文字研究工作的学者一样,我们在钻研这些经典时始终有一个困惑,即这些经典是由文言、古文字传承至今的,因此汉字的流变对理解原著的影响非常之大,加之汉字简化与繁体字并非一一对应,往往简化后就会产生歧义。因此,我们在按汉字简化原则由繁化简的同时,在整套书中,对于以下情况,我们保留了原文字:①後—后,这两个字在古文中是被严格区分的,"后来"和"後来"具有完全的不同含义,在《百家姓》中,这两个字也是不同的姓氏。②發—髮—发,在表示"须""毛"之义时用"髮",在表示"开""起"之义时用"發"。③餘—馀—余,"餘"是"馀"的繁体字,"餘"不是"余"的繁体字,而是"餘"的简体字。④適—适—敵,古代的"适"读kuò。而"適"通"嫡"和"敵",若简化为"适"和"敌",很难看出它们之间的通假关系。⑤另有少数不能简化部首偏旁的字和不便造字的字,我们保留了原文字,这样处理有利于精准保留原本面貌,也不致产生歧义,并兼顾了文字的发展和历史。

这次东南大学出版社推出的这套"东大国学书系"是我们在云南大学出版社"中国传统文化经典儿童读本"的基础上修订而成的,经过这七年的检验,我们发现不但儿童喜欢这种注音方式,而且一些老年人也特别喜欢这种"大字不老花"的版本,甚至有的大学教授也用我们这套书给大学生上课。因为有注音,他们不需查找便可方便地读准每个字,也不会闹笑话。因此我们认为经典注音是全民阅读的一种好方式,特别是青少年阅读习惯的培养更是一个国家、一个民族的希望之所在。为此,我们精选五十二种经典供读者选读,分为:

"中华传统蒙学精华注音全本":《三字经·百家姓·千字文》《千家诗》《声律启蒙·笠翁对韵》《孝经·弟子规·增广贤文》《幼学琼林》《五字鉴》《龙文鞭影》《菜根谭》《孙子兵法·三十六计》

"中华传统文化经典注音全本"第一辑:《庄子》《宋词三百首》《元曲三百首》《孟子》《易经》《楚辞》《尚书》《山海经》《尔雅》

"中华传统文化经典注音全本"第二辑:《唐诗三百首》《诗经》《论语》《老子·大学·中庸》《古诗源》《周礼》《仪礼》《礼记》《国语》

"中华传统文化经典注音全本"第三辑:《古文观止》《荀子》《墨子》《管子》《黄帝内经》《吕氏春秋》《春秋公羊传》《春秋穀梁传》《武经七书》

"中华传统文化经典注音全本"第四辑:《春秋左传》《战国策》《文选》《史记》《汉书》《后汉书》《三国志》《资治通鉴》《聊斋志异全图》

"中华古典文学名著注音全本":《绣像东周列国志》《绣像三国演义》《绣像水浒传》《绣像红楼梦》《绣像西游记》《绣像儒林外史》《绣像西厢记》

上述书目基本上涵盖了传统文化经典的精华。

博雅君子,有以教之!

"尚雅"国学经典书系主编
邓启铜
2010年3月

与经典同行　与圣人为伍

目录

上经 (shàng jīng)

乾卦第一 (qián guà dì yī) …… 3
坤卦第二 (kūn guà dì èr) …… 14
屯卦第三 (zhūn guà dì sān) …… 21
蒙卦第四 (méng guà dì sì) …… 25
需卦第五 (xū guà dì wǔ) …… 29
讼卦第六 (sòng guà dì liù) …… 33
师卦第七 (shī guà dì qī) …… 37
比卦第八 (bǐ guà dì bā) …… 41
小畜卦第九 (xiǎo xù guà dì jiǔ) …… 45
履卦第十 (lǚ guà dì shí) …… 48
泰卦第十一 (tài guà dì shí yī) …… 52
否卦第十二 (pǐ guà dì shí èr) …… 56
同人卦第十三 (tóng rén guà dì shí sān) …… 60
大有卦第十四 (dà yǒu guà dì shí sì) …… 64
谦卦第十五 (qiān guà dì shí wǔ) …… 68
豫卦第十六 (yù guà dì shí liù) …… 72
随卦第十七 (suí guà dì shí qī) …… 76
蛊卦第十八 (gǔ guà dì shí bā) …… 80
临卦第十九 (lín guà dì shí jiǔ) …… 83
观卦第二十 (guān guà dì èr shí) …… 86
噬嗑卦第二十一 (shì hé guà dì èr shí yī) …… 89
贲卦第二十二 (bì guà dì èr shí èr) …… 92
剥卦第二十三 (bō guà dì èr shí sān) …… 96
復卦第二十四 (fù guà dì èr shí sì) …… 99
无妄卦第二十五 (wú wàng guà dì èr shí wǔ) …… 103
大畜卦第二十六 (dà xù guà dì èr shí liù) …… 107
颐卦第二十七 (yí guà dì èr shí qī) …… 110
大过卦第二十八 (dà guò guà dì èr shí bā) …… 113
坎卦第二十九 (kǎn guà dì èr shí jiǔ) …… 117
离卦第三十 (lí guà dì sān shí) …… 121

下经 (xià jīng)

咸卦第三十一 (xián guà dì sān shí yī) …… 127
恒卦第三十二 (héng guà dì sān shí èr) …… 131
遯卦第三十三 (dùn guà dì sān shí sān) …… 135
大壮卦第三十四 (dà zhuàng guà dì sān shí sì) …… 138

晋卦第三十五	141
明夷卦第三十六	145
家人卦第三十七	149
睽卦第三十八	152
蹇卦第三十九	156
解卦第四十	160
损卦第四十一	164
益卦第四十二	168
夬卦第四十三	172
姤卦第四十四	176
萃卦第四十五	180
升卦第四十六	184
困卦第四十七	187
井卦第四十八	191
革卦第四十九	195
鼎卦第五十	199
震卦第五十一	203
艮卦第五十二	207
渐卦第五十三	210
归妹卦第五十四	214
丰卦第五十五	218
旅卦第五十六	222
巽卦第五十七	226
兑卦第五十八	230
涣卦第五十九	234
节卦第六十	237
中孚卦第六十一	240
小过卦第六十二	244
既济卦第六十三	248
未济卦第六十四	251

系辞上传

第一章	257
第二章	259
第三章	260
第四章	261
第五章	263
第六章	264
第七章	265
第八章	266
第九章	270
第十章	274
第十一章	277
第十二章	281

系辞下传

第一章	286
第二章	288

与经典同行　与圣人为伍

第三章 293
第四章 294
第五章 295
第六章 302
第七章 303
第八章 305
第九章 306
第十章 308
第十一章 309
第十二章 310

说卦传

第一章 315
第二章 316
第三章 317
第四章 318
第五章 319
第六章 321
第七章 322
第八章 323
第九章 324
第十章 325

第十一章 326

序卦传 331

杂卦传 343

附录一

（一）八卦取象歌 347
（二）分宫卦象次序歌 347
（三）上下经卦名次序歌 349

附录二

（一）河图 350
（二）洛书 350
（三）伏羲八卦次序 352
（四）伏羲八卦方位 353
（五）伏羲六十四卦次序 354
（六）伏羲六十四卦方位 355
（七）文王八卦次序 356
（八）文王八卦方位 356

目录

3

传说伏羲创八卦,文王演练成六十四卦,周公著爻辞,孔子著十翼成为现今的《易经》。

周 易 序

宋·朱熹

《易》之为书，卦爻彖象之义备而天地万物之情见。圣人之忧天下来世其至矣。先天下而开其物，後天下而成其务。是故极其数以定天下之象，著其象以定天下之吉凶。六十四卦，三百八十四爻，皆所以顺性命之理，尽变化之道也。散之在理则有万殊，统之在道则无二致。所以易有太极，是生两仪。太二者，道也；两仪者，阴阳也。阴阳一道也，太极无极也。万物之生，负阴而抱阳，莫不有太极，莫不有两仪。絪缊交感，变化不穷。形一受其生，神一发其智，情伪出焉，万绪起焉，易所以定吉凶而生大业。故易者，阴阳之道也。卦者，阴阳之物也；爻者，阴阳之动也。卦虽不同，所同者奇耦；爻虽不同，所同者九六。是以六十四卦为其体，三百八十四爻互为其用，远在六合之外，近在一身之中，暂于瞬息，微于动静，莫不有卦之象焉，莫不有爻之义焉。至哉易乎！其道至大而无不包，其用至神而无不存。时固未始有一，而卦未始有定象。事固未始有穷，而爻亦未始有定位。以一时而索卦，则拘于无变，非易也。以一事而明爻，则窒而不通，非易也。知所谓卦爻彖象之义，而不知有卦爻彖象之用，亦非易也。故得之于精神之运，心术之动，与天地合其德，与日月合其明，与四时合其序，与鬼神合其吉凶，然後可以谓之知易也。虽然，易之有卦，易之已形者也。卦之有爻，卦之已见者也。已形已见者，可以知言；未形未见者，不可以名求。则所谓易者果何如哉！此学者所当知也。

龙马出河之瑞图　明·《新锲纂集诸家全书大成断易天机》

上 经

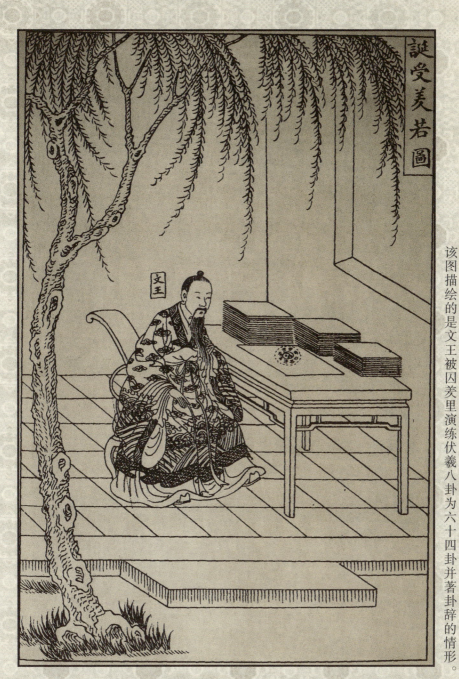

诞受羑若图 清·《钦定书经图说》

该图描绘的是文王被囚羑里演练伏羲八卦为六十四卦并著卦辞的情形。

伏羲像 宋·马麟

与经典同行　与圣人为伍

乾卦① 第一

☰ 乾下 乾上

【注释】①《乾》卦：象征天纯阳至健的性质。

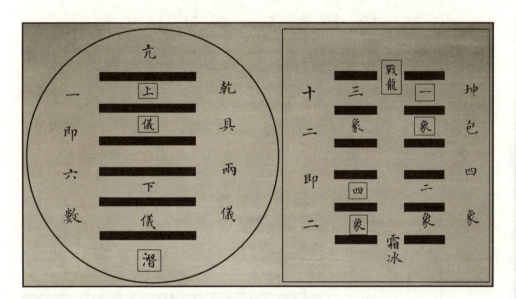

乾坤易解之图　元·《大易象数钩深图》

　　乾坤者数之一二也，形之方圆也，气之清浊也，理之动静也，故乾具两仪之意而分上下，坤包四象之体而分南北东西，两仪四象共数有六，并其乾坤之本体，则八卦之数周备矣。此乾坤所以去太极未远，内贞外悔两仪之理也，元亨利贞四象之道也，二三四五以为经，七八九六以为纬，八卦之方也。所以自一而二，自二而四，自四而八，自八而十六，自十六而三十二，自三十二而六十四，而天道备矣，岁功成矣，人事周矣，此易故六十四卦而乾坤居首也。学者能由六十四卦以归一，由一以司太极，则伏羲、文王、孔子皆备，于我成变化行鬼神亦是道也。

● 乾①：元亨，利贞②。

◎ 初九③：潜龙④勿用⑤。

◎ 九二：见（现）⑥龙在田⑦，利见大人⑧。

◎ 九三：君子终日乾乾⑨，夕⑩惕⑪若⑫厉⑬，无咎⑭。

◎ 九四：或跃在渊，无咎。

◎ 九五：飞龙在天，利见大人。

◎ 上九：亢⑮龙有悔。

◎ 用九⑯：见（现）群龙，无首⑰，吉。

【注释】①乾：卦名，以下各卦同。《易经》六十四卦，每卦都有自己的符号和名称。②元亨：大为亨通。利贞：以贞而利。贞在此讲成纯正。卦名后的这四个字，称为卦辞。③初九：这是爻题，即爻的名称。《易经》用"九"表示阳爻—，用"六"表示阴爻--。爻由下往上，依次为初、二、三、四、五、上。这里第一爻是阳爻，所以叫初九，如果是阴爻，就叫初六，其余类推。④潜龙：潜伏的龙。⑤勿用：不要有所作为。⑥见：通"现"。⑦田：田野。《易经》中其余的田字都指打猎。⑧大人：尊者。⑨乾乾：不停地奋斗。⑩夕：晚上。⑪惕：警惕。⑫若：好像。⑬厉：危险。⑭无咎：没有坏处。⑮亢：极高。⑯用九：指总六爻纯九之义。⑰无首：没有领头的。

乾为天　明·《断易天机》

此卦高祖与吕后走在芒砀山卜得之，馀人难压也。

解曰：鹿在云中乃天禄也，石上玉有光明，人琢玉，用工则见宝也。月在当空，光明之象。官人登云梯望月，乃足步云梯手攀白宫月桂之兆也。

与经典同行　与圣人为伍

★《象》①曰：大哉乾元②！万物资③始，乃统天。云行雨施，品物流形④。大明终始⑤，六位⑥时成，时乘六龙⑦以御天⑧。乾道变化，各正性命⑨，保合⑩大(太)和⑪，乃利贞。首出庶物⑫，万国咸⑬宁。

▲《象》⑭曰：天行健⑮，君子以自强不息。

【注释】①彖：判断。上面的卦辞和爻辞为经文；《象》是《易传》的组成部分，用来解释卦辞。②乾元：阳气的本原。③资：依靠，依赖。④品物：使物成品类。流形：变化成形体。⑤大明终始：太阳升起又降落。⑥六位：六个爻位。⑦六龙：六条巨龙，暗指乾卦的六个阳爻。⑧御天：控制或顺应自然。⑨性命：属性与寿命。⑩保合：保持和融合。⑪太和：极端和谐。⑫庶物：众物。⑬咸：都。⑭《象》也是《易传》的组成部分，用以从卦象对整个卦义进行概括。总论一卦之象的叫《大象》，分论一爻之象的叫《小象》。⑮天行健：组成乾卦的两个三画卦都象征天，是双倍的健，所以说天行健。

乾卦第一

龙行雨施图　明·《程氏墨苑》

"潜龙勿用",阳在下也①。"见龙在田",德施普也。"终日乾乾",反復道也。"或跃在渊",进无咎也。"飞龙在天",大人造②也。"亢龙有悔",盈③不可久也。"用九",天德④不可为首也。

◆《文言》⑤曰:元者,善之长⑥也;亨者,嘉之会⑦也;利者,义之和也;贞者,事之干⑧也。君子体仁⑨足以长人⑩,嘉会⑪足以合礼,利物足以和义⑫,贞固⑬足以干事。君子行此四德者,故曰:"乾:元亨利贞。"

【注释】①从这一句到"天德不可为首也",是从爻象对爻辞进行解释,是为《小象》。②造:达到,作为。③盈:满盈,过头。④天德:指乾的属性。⑤《文言》:是《易传》的组成部分。六十四卦中只有乾、坤二卦有《文言》,因为乾、坤二卦是六十四卦的基础。⑥长:首长。⑦会:集中。⑧干:主干,根本。⑨体仁:以仁为体。⑩长人:做人尊长。⑪嘉会:美好集中。⑫和义:与义相合。⑬贞固:纯正坚定。

◎初九曰"潜龙勿用",何谓也?

子①曰:"龙德②而隐③者也。不易乎世④,不成乎名。遁世⑤无闷,不见是⑥而无闷。乐则行之,忧则违之。确乎其不可拔⑦,潜龙也。

九二曰"见龙在田,利见大人",何谓也?

子曰:"龙德而正中⑧者也。庸言⑨之信,庸行⑩之谨。闲⑪邪存其诚,善世⑫而不伐⑬,德博而化⑭。《易》曰:'见龙在田,利见大人。'君德也。"

【注释】①子:一般认为指孔子。②龙德:即乾德,指刚强的素质。③隐:离开政治舞台。④易乎世:随世而变。⑤遁世:逃避人世。⑥是:肯定。见是就是被肯定。⑦拔:改变意志。⑧正中:端正不偏。因为九二居于下乾三个阳爻的中间,故有此说。⑨庸言:平常之语。⑩庸行:平常的行为。⑪闲:这里解作防范。⑫善世:贡献社会。⑬伐:夸耀。⑭德博而化:道德广博而教化天下。

九三曰"君子终日乾乾,夕惕若,厉无咎",何谓也?

子曰:"君子进德修业①。忠信,所以进德也。修辞②立其诚,所以居业③也。知至至之④,可与言几⑤也;知终终之⑥,可与存义⑦也。是故,居上位而不骄,在下位而不忧。故乾乾因其时而惕,虽危而无咎矣。"

九四曰"或跃在渊,无咎",何谓也?

子曰:"上下无常,非为邪⑧也;进退无恒,非离群也。君子进

【注释】①进德修业:增进道德,修持功业。②修辞:修饰言语。③居业:保住事业。④知至至之:明白应该达到就力求达到。⑤几:几微,微妙。⑥知终终之:意思是该了则了。⑦存义:坚持原则。⑧为邪:出于邪念。

德修业,欲及时也,故无咎。"

九五曰"飞龙在天,利见大人",何谓也?

飞龙在天图 明·《程氏墨苑》

子曰:"同声相应①,同气相求②。水流湿,火就燥。云从龙,风从虎。圣人作而万物睹③。本乎天④者亲上,本乎地者亲下,则各从其类也。"

上九曰"亢龙有悔",何谓也?

子曰:"贵而无位⑤,高而无民,贤人⑥在下位而无辅,是以动而有悔也。"

◎"潜龙勿用",下⑦也;"见龙在田",时舍⑧也。"终日乾乾",行事⑨也;"或跃在渊",自试⑩也;"飞龙在天",上治⑪也;"亢龙有悔",

【注释】①相应:互相应和。②相求:互相求合。③圣人作而万物睹:圣人有所作为而万众瞻仰。物,指人。④本乎天:以天为本。⑤贵而无位:贵,指上九位于卦的最上方;无位,没有地位,《周易》以第五个爻位为至尊之位。⑥贤人:指与上九相应的九三。⑦下:地位低下。⑧时舍:暂时居留。⑨行事:实践。⑩自试:自测身手。⑪上治:居上而治。

穷之灾也；"乾元用九"，天下治也。

◎ 潜龙勿用，阳气潜藏；见(现)龙在田，天下文明①；终日乾乾，与时偕行；或跃在渊，乾道乃革②；飞龙在天，乃位乎天德③；亢龙有悔，与时偕极；乾元用九，乃见(现)天则。

◎《乾》元④者，始而亨者也；利贞者，性情⑤也。乾始能以美利利天下，不言所利，大矣哉！大哉乾乎！刚健、中正、纯粹，精⑥也；六爻发挥⑦，旁通情⑧也；时乘六龙，

【注释】①文明：文采辉煌。②革：变革。③天德：自然规律。④《乾》元：指《乾》卦辞中所说的元。⑤性情：本性与实情。⑥精：纯粹而不混杂。⑦发挥：变化、运动。⑧旁通情：广泛贯通物情。

以御天①也；云行雨施，天下平也。

君子以成德②为行，日可见(现)之行也。潜之为言也，隐而未见(现)，行而未成。是以君子弗用也。

君子学以聚③之，问以辩之，宽以居④之，仁以行之。《易》曰："见(现)龙在田，利见大人。"君德也。

九三，重刚⑤而不中，上不在天，下不在田，故乾乾因其时而惕，虽危无咎矣。

九四，重⑥刚而不中⑦，上不在天，下不在田，中不在人，故或⑧之。或之者，疑之也，故无咎。

【注释】①御天：控制或顺应自然。②成德：完善道德。③聚：积累。④居：容纳。⑤重刚：刚上加刚。因为九三以阳爻居于阳位（奇数位），所以说"重刚"。⑥这个"重"字应为衍文。⑦刚而不中：指九四以阳爻居于阴位，而不是上卦的正中。⑧或：即九四爻辞中的"或跃在渊"，指拿不准。

夫大人者，与天地合其德，与日月合其明，与四时①合其序，与鬼神合其吉凶。先天而天弗②违，后天而奉天时。天且弗违，而况于人乎？况于鬼神乎？

亢之为言也，知进而不知退，知存而不知亡，知得而不知丧。其唯圣人乎？知进退存亡而不失其正者，其唯圣人乎？

【注释】①四时：春、夏、秋、冬。②弗：不。

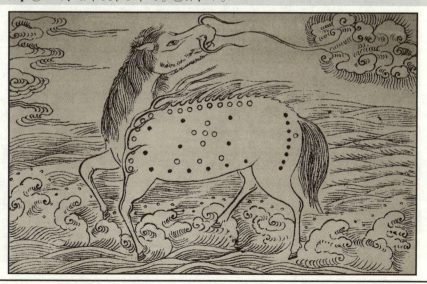

马图 明·《来注易经图解》

坤卦^①第二

坤下 坤上

【注释】①《坤》卦：象征宇宙纯阴至顺的性质。

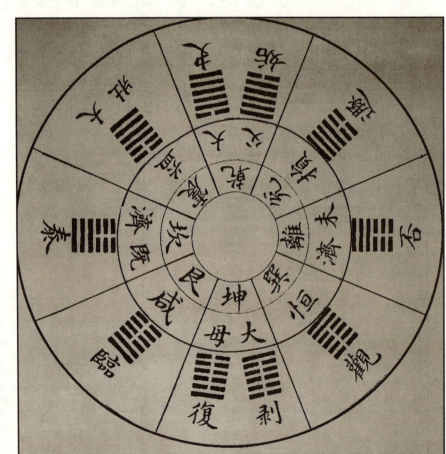

乾坤大父母图 元·《大易象数钩深图》

与经典同行　与圣人为伍

● 坤：元亨，利牝马①之贞。君子有攸②往，先迷後得主，利③。西南得朋，东北丧朋。安贞，吉。

★《象》曰：至哉坤元④！万物资生，乃顺承天。坤厚载物⑤，德合无疆。含弘⑥光大，品物⑦咸亨⑧。"牝马"地类⑨，行地无疆，柔顺利贞。君子攸行，先迷失道，後顺得

【注释】①牝马：母马。②攸：所。③得主：获得主宰。④坤元：坤的本元。⑤坤厚载物：地体厚实，承载万物。⑥含弘：蕴含弘大。⑦品物：各种事物。⑧咸亨：全部顺利。⑨地类：与地的属性相同的品类。

坤卦第二

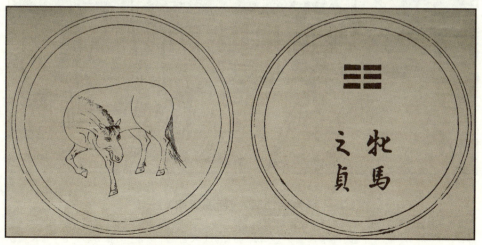

牝马之贞图　　明·《程氏墨苑》

常。"西南得朋",乃与类行;"东北丧朋",乃终有庆。安贞之吉,应地无疆。

▲《象》曰:地势坤,君子以厚德①载物。

【注释】①厚德:使品德深厚。

坤为地　明·《断易天机》

此卦汉高祖与项羽交争卜得之,乃知身霸天下。

解曰:十一个口,乃吉字也。一官人坐看一堆钱,乃有才贵人也。一马者,乃禄马也。金甲神人在台上抛文书与官,乃文字得神力护助也。

◎ 初六：“履霜”、“坚冰”至。

▲《象》曰：“履霜”、“坚冰”①，阴始凝也；驯致②其道，至坚冰也。

◎ 六二：直、方、大③，不习④无不利。

▲《象》曰：六二之动，直以⑤方也；“不习无不利”，地道光也。

◎ 六三：含章可贞⑥。或从王事，无成⑦有终。

▲《象》曰：“含章可贞”，以时发也；"或从王事"，知[智]⑧光大也。

◎ 六四：括囊⑨，无咎无誉⑩。

▲《象》曰：“括囊”"无咎"，慎不害也。

◎ 六五：黄裳⑪，元吉。

【注释】①坚冰：可能是衍文。②驯致：和顺地实现。③直、方、大：正直、端方、弘大。这是指坤的品德。④习：习惯，熟悉。⑤以：而且。⑥含章可贞：含藏才华，守持正道。⑦无成：没有成就。实际上是有成不告。⑧知：通"智"，智慧。⑨括囊：喻缄口不言，隐居不出。括即结扎，囊即口袋。⑩无咎无誉：既没有灾殃也没有声誉。⑪黄裳：黄色裙裤。按五行说，数字五与黄色相对应。

▲《象》曰："黄裳"、"元吉",文①在中也。

◎上六:龙战于野,其血玄②黄。

▲《象》曰:"龙战于野",其道穷也。

◎用六:利永贞。

▲《象》曰:用六"永贞",以大终也。

◆《文言》曰:坤至柔而动也刚,至静而德方③,後得主而有常④,含万物而化光⑤。坤道其顺乎!承天而时行。

积善之家,必有馀庆;积不善之家,必有馀殃。臣弑其君,子弑⑥其父,非一朝一夕之故,其所

【注释】①文:文采,暗寓美好品德。②玄:黑色。③方:稳重、方正。④有常:有规律。⑤化光:变化光大。⑥弑:下杀上。

由来者渐矣,由辩之不早辩也。《易》曰"履霜,坚冰至",盖①言顺②也③。

直,其正也;方,其义也。君子敬以直内④,义以方外⑤,敬义立而德不孤⑥。直、方、大,不习无不利,则不疑其所行也。

阴虽有美,含之以从王事,弗敢成也。地道也,妻道也,臣道也。地道无成而代⑦有终⑧也。

天地变化,草木蕃⑨;天地闭,贤人隐。《易》曰"括囊,无咎无誉",盖⑩言谨也。

【注释】①盖:大概。②顺:通"慎",谨慎。③从此段开始至结束,分别解释各爻爻辞。④直内:使内心正直。⑤方外:规范外部行为。⑥孤:孤陋。⑦代:代替。⑧有终:取得结果。⑨蕃:茂盛。⑩盖:大概。

君子黄中通理①,正位居体②,美在其中,而畅于四支[肢]③,發于事业,美之至也。

阴疑于阳④,必战。为其嫌⑤于无阳也,故称龙焉。犹未离其类也,故称血焉。夫玄黄者,天地之杂也。天玄而地黄。

【注释】①黄中:像"黄裳"一般色调中和。通理:通情达理。②正位居体:在合適位置上安身。③四支:同"四肢"。④疑于:拟于,指阴阳势均力敌。⑤嫌:误以为。

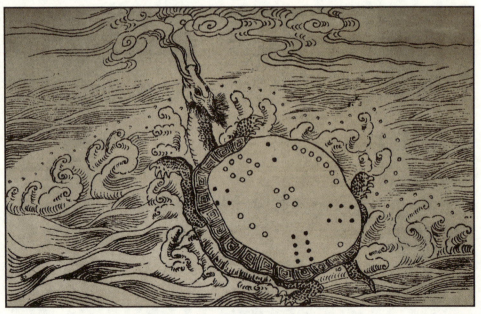

龟　书　明·《来注易经图解》

与经典同行 与圣人为伍

屯卦① 第三

☳ 震下 坎上

【注释】①《屯》卦：象征万物在雷雨并作中初生。

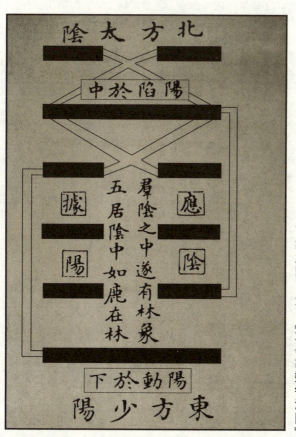

屯象之图 元·《大易象数钩深图》

● 屯：元亨，利贞。勿用有攸往①，利建侯②。

★《彖》曰：屯，刚柔始交③而难生，动乎险中④，大亨贞。雷雨之动满盈，天造草昧⑤。宜建侯而不宁⑥。

▲《象》曰：云雷屯，君子以经纶⑦。

【注释】①攸往：所往。②建侯：建立侯国。③刚柔始交：指阳刚阴柔开始相交。④动乎险中：下震为动，上坎为险。⑤草昧：原始的混沌状态。⑥不宁：不安居无所事事。⑦经纶：规划安排。

水雷屯　明·《断易天机》

此卦季布遇难卜得之，汉推其忠乃赦其罪也。
解曰：人在望竿头立，望前不顾危也。车在泥中，不能轮转也。犬头回字，哭也。人射文书，占射也。刀在牛上，角字也。一合子，和合之吉兆也。

◎ 初九：磐(盘)桓①。利居贞，利建侯。

▲《象》曰：虽"磐(盘)桓"，志行②正也。以贵下贱，大得民也。

◎ 六二：屯如③邅④如，乘马班⑤(般)如，匪寇⑥婚媾。女子贞不字⑦，十年乃字。

▲《象》曰：六二之难，乘刚⑧也。"十年乃字"，反常也。

◎ 六三：即鹿⑨无虞⑩，惟入于林中。君子几⑪不如舍⑫，往吝⑬。

▲《象》曰："即鹿无虞"，以从禽⑭也。君子舍之，"往吝"，穷也。

◎ 六四：乘马班(般)如。求婚媾，往吉，

【注释】①磐桓：即盘桓，指逗留不前。②志行：志向与行动。③屯如：困难的样子。如，语末助词。④邅：难于前行。⑤班：同"般"，指盘转徘徊，欲进又退。⑥匪寇：不是盗贼。⑦字：许配。⑧乘刚：指六二居于初九之上。⑨即：接近，追逐。⑩虞：虞人，古时掌管山泽之官。此处喻辅助君子的助手。⑪几：通"机"。⑫舍：放弃。⑬吝：不好。⑭从禽：跟着猎物跑。

屯卦第三

读经诵典 受益匪浅

无不利。

▲《象》曰：求而往，明①也。

◎九五：屯其膏②，小，贞吉；大，贞凶。

▲《象》曰：屯其膏，施未光③也。

上六：乘马班如，泣血④涟如。

▲《象》曰：泣血涟如，何可长也！

【注释】①明：明智。②膏：古人说"坎雨称膏"。③光：广大。④泣血：眼睛哭出血。

五老告河图 明·《程氏墨苑》

易经

24

与经典同行　与圣人为伍

蒙卦① 第四

坎下　艮上

【注释】①《蒙》卦：象征万物初生后的蒙稚。

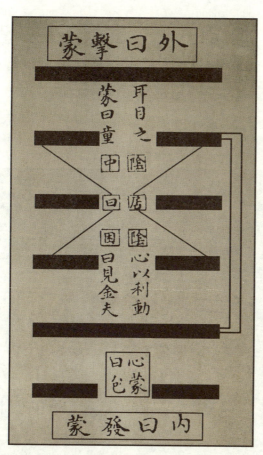

蒙象养正图　元·《大易象数钩深图》

● 蒙：亨。匪①我求童蒙②，童蒙求我。初筮③告，再三渎，渎则不告。利贞。

★《彖》曰：蒙，山下有险，险而止，蒙。蒙，亨，以亨行时中④也。匪我求童蒙，童蒙求我，志应也。初筮告，以刚中⑤也。再三渎，渎则不告，渎蒙也。蒙以养正⑥，圣功也。

【注释】①匪：不。②童蒙：指需教育者。③筮：用蓍草求卦，喻求教的诚意。④时中：（实践）随时合乎中道。⑤刚中：指九二以阳爻居于下卦之中。⑥养正：培养正大光明的品格。

山水蒙　明·《断易天机》

此卦上莽篡汉社稷卜得之，乃知汉家必有中兴主也。解曰：一鹿一堆钱，乃有禄也。一合子，乃自然和合也。李树枝子折，尚有别枝云也。二人江中撑船珍宝填塞，乃厚获才利荣归也。

▲《象》曰：山下出泉，蒙；君子以果行①育德。

◎初六：發蒙，利用刑型②人，用说脱桎梏③，以往吝。

▲《象》曰：利用刑型人，以正法④也。

◎九二：包蒙，吉；纳妇，吉。子克家⑤。

▲《象》曰：子克家，刚柔节接⑥也。

◎六三：勿用取娶⑦女；见金夫⑧，不有躬⑨，无攸利。

▲《象》曰：勿用取娶女，行不顺也。

◎六四：困蒙⑩，吝。

▲《象》曰：困蒙之吝，独远实⑪也。

◎六五：童蒙，吉。

【注释】①果行：果敢其行。②刑：通"型"，规范，严格约束。③桎梏：脚镣手铐。④正法：端正法规。⑤子克家：儿子能够持家。⑥刚柔节：九二下为初六，上为六三，所以说刚柔接。⑦取：同"娶"。⑧金夫：男人，指与六三有正应关系的上九。⑨躬：身体。⑩困蒙：陷于蒙昧。⑪远实：远离实际。

读经诵典　受益匪浅

▲《象》曰：童蒙之吉，顺以巽①也。

◎上九：击蒙②，不利为寇，利御寇。

▲《象》曰：利用御寇，上下顺也。

【注释】①巽：谦逊。②击蒙：用严厉之法管教童蒙。

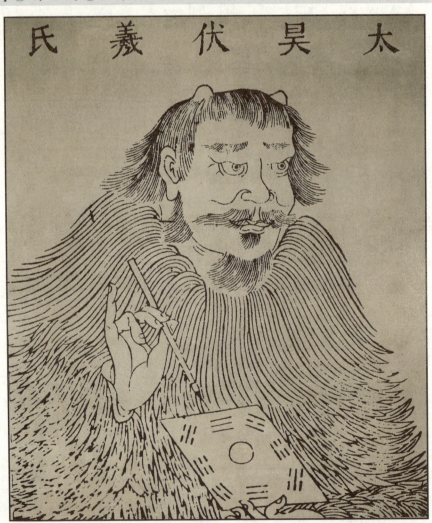

太昊伏羲氏　明·《三才图会》

与经典同行 与圣人为伍

需卦① 第五

☵ 乾下 坎上

【注释】①《需》卦：象征等待。

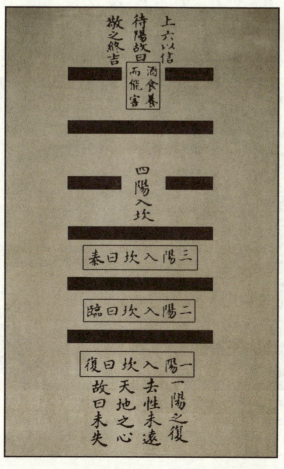

需须之图 元·《大易象数钩深图》

● 需：有孚①，光亨②，贞吉，利涉大川。

★《彖》曰：需，须也，险在前③也。刚健而不陷④，其义不困穷矣。需，有孚，光亨，贞吉。位乎天位⑤，以正中也。利涉大川，往有功也。

【注释】①孚：诚信。②光亨：大为通顺。③险在前：需卦的上卦是坎水，所以说"险在前"。④不陷：不陷于险阻。⑤天位：指第五个爻位。因乾卦九五有"飞龙在天"之语，所以这个爻位被认为最尊贵。

水天需　明·《断易天机》

此卦蔡顺遇赤眉贼卜得之，乃知必脱大难也。

解曰：月当天，乃光明无障碍也。一门，乃禹门也。一人攀龙尾者，乃堕真龙变他也。一僧接引，乃得福禄人接引也。一墓，主戌年发福发禄也。

▲《象》曰：云上于天，需；君子以饮食宴乐。

◎初九：需于郊。利用①恒，无咎。

▲《象》曰：需于郊，不犯难行也。利用恒，无咎，未失常也。

◎九二：需于沙②，小有言③，终吉。

▲《象》曰：需于沙，衍④在中也。虽小有言，以终吉也。

◎九三：需于泥⑤，致寇至。

▲《象》曰：需于泥，灾在外也。自我致寇，敬慎⑥不败也。

◎六四：需于血洫⑦，出自穴⑧。

▲《象》曰：需于血洫，顺以听也。

【注释】①用：以。②沙：沙滩。③言：议论。④衍：宽绰，指沉得住气。⑤泥：泥泞之地。⑥敬慎：认真谨慎。⑦血：通"洫"，沟洫。⑧穴：坑穴。

◎ 九五：需于酒食，贞吉。

▲《象》曰：酒食贞吉，以中正也。

◎ 上六：入于穴，有不速之客三人来，敬之终吉。

▲《象》曰：不速之客来，敬之终吉。虽不当位①，未大失也。

【注释】①**不当位**：按爻位说，阴爻居于阳位（奇数位）或阳爻居于阴位（偶数位）为不当位。但上六是阴爻居阴位，应为当位。《象传》疑为误解。

丛菁图 明·《程氏墨苑》

与经典同行 与圣人为伍

讼卦① 第六

^{kǎn xià qián shàng}
坎下 乾上

【注释】①《讼》卦：象征争论。

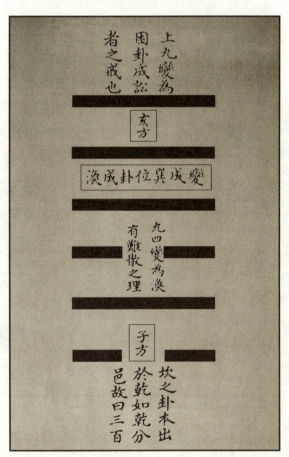

讼象之图 元·《大易象数钩深图》

● 讼：有孚①，窒②惕，中吉。终凶。利见大人，不利涉大川。

★《象》曰：讼，上刚下险③，险而健，讼。讼，有孚，窒惕，中吉，刚来而得中也。终凶，讼不可成也。利见大人，尚中正也。不利涉大川，入于渊也。

【注释】①孚：实，指事实根据。②窒：阻塞。③上刚下险：上乾为刚，下坎为险。

天水讼 明·《断易天机》

此卦汉高祖斩丁公疑惑卜得之，後果遭戮也。
解曰：口舌二字，乃祸端所起也。山下有睡虎，防见惊恐也。文书在云中，远也未可具讼。人立虎下，到尾有惊恐，占者得之当省，慎勿出入。吉。

与经典同行　与圣人为伍

▲《象》曰：天与水违行①，讼；君子以作事谋始。

◎初六：不永②所事，小有言，终吉。

▲《象》曰：不永所事，讼不可长也。虽小有言，其辩明也。

◎九二：不克讼，归而逋③，其邑人三百户，无眚④。

▲《象》曰：不克讼，归逋窜也。自下讼上，患至掇⑤也。

◎六三：食旧德⑥，贞厉⑦，终吉。或从王事，无成。

▲《象》曰：食旧德，从上⑧吉也。

◎九四：不克讼⑨，復⑩即⑪命渝⑫，安

讼卦第六

【注释】①天与水违行：天指上乾，水指下坎。古人认为天向西转，水向东流，是天与水相违而行。②永：长。③逋：逃走。④眚：过失，灾祸。⑤掇：拾取，此处指容易得到患害。⑥食旧德：吃老本，指享受旧有俸禄。⑦贞厉：正确但危险。⑧从上：跟随君上，因为六三的上面是乾卦。⑨不克讼：争讼失败。⑩復：转回去。⑪即：就。⑫渝：改变习性。

贞，吉。

▲《象》曰：復即命渝，安贞，不失也。

◎九五：讼元吉。

▲《象》曰：讼元吉，以中正也。

◎上九：或锡①之鞶带，终朝三褫②之。

▲《象》曰：以讼受服，亦不足敬也。

【注释】①锡：赐予。②褫：剥夺。

孔子圣蹟图之韦编三绝

与经典同行 与圣人为伍

师卦① 第七

坎下 坤上

【注释】①《师》卦：讲战争理论。

师比御众图　元·《大易象数钩深图》

● 师：贞，丈人①吉，无咎。

★《彖》曰：师，众也；贞，正也，能以众正，可以王矣。刚中②而应，行险而顺③，以此毒督④天下，而民从之，吉又何咎矣！

▲《象》曰：地中有水，师；君子以容民畜众。

【注释】①丈人：老成持重者。②刚中：指九二，因为其位于下卦的中间。③行险而顺：下坎为险，上坤为顺。④毒：通"督"，治理。

地水师　明·《断易天机》

此卦周亚夫将欲排阵卜得之，果获胜也。
解曰：虎马羊者，乃寅午未之位也。将军台上立，掌兵权也。执印者，待信也。人膝跪于台上，乃受功赏也。凡百遇此得人提携之兆也。

◎初六：师出以律，否臧①，凶。

▲《象》曰：师出以律，失律凶也。

◎九二：在师中吉，无咎，王三锡命②。

▲《象》曰：在师中吉，承天宠也；王三锡命，怀万邦③也。

◎六三：师或舆尸④，凶。

▲《象》曰：师或舆尸，大无功也。

◎六四：师左次⑤，无咎。

▲《象》曰：左次无咎，未失常也。

◎六五：田⑥有禽，利执言，无咎。长子⑦帅师，弟子⑧舆尸，贞凶。

▲《象》曰：长子帅师，以中行也；弟子舆尸，使不当也。

【注释】①否臧：不好。②锡命：發布奖赏的命令。③怀万邦：使天下归顺。④舆尸：用车运载尸体。⑤左次：後退驻扎。⑥田：打猎。⑦长子：指九二。⑧弟子：指六三，喻平庸之辈。

◎ 上六：大君有命，开国承家，小人勿用。

▲《象》曰：大君有命，以正功也。小人勿用，必乱邦也。

汤武征伐图·《绘图二十四史通俗演义》

与经典同行　与圣人为伍

比卦① 第八

坤下 坎上

【注释】①《比》卦：象征亲近。

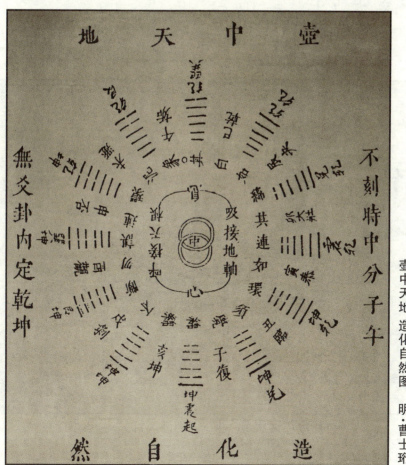

壶中天地 造化自然图　明·曹士珩

● 比：吉。原筮①，元永贞，无咎。不宁方②来，後夫③凶。

★《象》曰：比，吉也；比，辅也，下顺从④也。原筮，元永贞，无咎，以刚中也。不宁方来，上下应⑤也。後夫凶，其道穷也。

【注释】①原筮：再三占筮。②方：方国，商、周时代对少数部落的称呼。③後夫：後来者，指上六。④下顺从：本卦九五以下均为阴爻，故说下顺从。⑤上下应：指上卦九五与下卦六二相照应。

水地比　明·《断易天机》

此卦陆贾将说蛮卜得之，後果胜蛮王归降也。
解曰：月圆当空，乃光明之象。秀才望月饮酒，乃举杯对月也。自酌自斟，乃乐极也。药炉在高处，乃无疾病，不用煎药。枯树花开，晚荣也。

▲《象》曰：地上有水，比；先王以建万国，亲诸侯。

◎初六：有孚①比之，无咎。有孚盈缶②，终来有它吉。

▲《象》曰：比之初六，有它吉也。

◎六二：比之自内③，贞吉。

▲《象》曰：比之自内，不自失也。

◎六三：比之匪人④。

▲《象》曰：比之匪人，不亦伤乎！

◎六四：外比⑤之，贞吉。

▲《象》曰：外比于贤，以从上也。

◎九五：显比⑥，王用三驱⑦，失前禽；邑人不诫⑧，吉。

【注释】①孚：诚心。②缶：瓦罐子。③内：内在要求。④匪人：非其人。⑤外比：向外亲近。六四与初六敌应，只好转向外卦，亲近九五。⑥显比：明显地亲近。⑦三驱：不合围，网开一面。⑧诫：诫告。

▲《象》曰：显比之吉，位正中也。舍逆取顺①，失前禽也。邑人不诫，上使中也。

◎上六：比之无首，凶。

▲《象》曰：比之无首②，无所终也。

【注释】①舍逆取顺：指顺应自然法则。②无首：没有带头的。

孔子圣迹图之梦见周公

与经典同行　与圣人为伍

小畜卦① 第九

乾下　巽上

【注释】①《小畜》卦：象征阴柔力量的聚集。

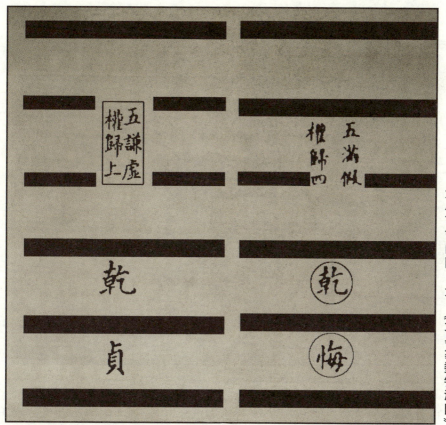

大小畜吉凶图　元·《大易象数钩深图》

读经诵典　受益匪浅

● 小畜：亨。密云不雨，自我西郊。

★《彖》曰：小畜，柔得位而上下应之，曰小畜。健而巽①，刚中②而志行，乃亨。密云不雨，尚往也。自我西郊，施③未行也。

▲《象》曰：风行天上，小畜；君子以懿④文德⑤。

【注释】①健而巽：本卦下卦为乾，上卦为巽，故说"健而巽"。②刚中：指九二，位于下乾的中间。③施：化育。④懿：增美。⑤文德：温文的气质。

风天小畜　明·《断易天机》

此卦韩信击取散关不破卜得之。後再击之，果破也。

解曰：两重山，乃出字也。一人山顶，险不可往也。舟横岸上，才能动得也。望竿在草里，乃望草头姓人也。上有羊马头，乃午未日上见也。

◎初九：復自道①，何其咎？吉。

▲《象》曰：復自道，其义吉也。

◎九二：牵復②，吉。

▲《象》曰：牵復在中，亦不自失也。

◎九三：舆说脱辐輹③，夫妻反目。

▲《象》曰：夫妻反目，不能正室④也。

◎六四：有孚，血去惕出⑤，无咎。

▲《象》曰：有孚惕出，上合志⑥也。

◎九五：有孚挛如⑦，富以其邻。

▲《象》曰：有孚挛如，不独富也。

◎上九：既雨既处⑧，尚德载；妇⑨贞厉⑩，月几望；君子征凶。

▲《象》曰：既雨既处，德积载也。君子征凶，有所疑也。

【注释】①復自道：反復其道。②牵復：牵连而復。③说：通"脱"。辐：即輹，舆下方木，亦称钩心木，也叫"伏菟"。④正室：端正家庭关系。⑤惕出：惊惧排除。⑥合志：同心。⑦挛如：连绵不绝。如，语末助词。⑧处：停止。⑨妇：指阴柔的力量。⑩贞厉：守正防危。

读经诵典 受益匪浅

履卦①第十 (lǚ guà dì shí)

☱ 兑下 乾上 (duì xià qián shàng)

【注释】①《履》卦：象征行为的合礼。

履虎尾之图 元·《大易象数钩深图》

与经典同行　与圣人为伍

● 履：履虎尾，不咥①人，亨。

★《彖》曰：履，柔履刚也。说(悦)②而应乎乾，是以履虎尾，不咥人，亨。刚中正③，履帝位④而不疚，光明也。

▲《象》曰：上天下泽，履；君子以

【注释】①咥：咬。②说：通"悦"，指下兑。③刚中正：指九五以阳爻居阳位，且位于上乾的中间。④帝位：上乾的中爻被认为是"帝位"。

天泽履　明·《断易天机》

此卦是子路出行卜得之。後遇虎拔其尾也。
解曰：笠子，乃成立也。文书破，用去员也。女子，乃好也。在伞，有所庇盖也。卓旗官人边坐，门旗也。堆土有千里字，乃坐镇千里侯伯之任也。

履卦第十

辨上下，定民志。

◎初九：素履①往，无咎。

▲《象》曰：素履之往，独行愿也。

◎九二：履道坦坦，幽人②贞吉。

▲《象》曰：幽人贞吉，中③不自乱也。

◎六三：眇④能视，跛能履，履虎尾，咥人，凶。武人为于大君。

▲《象》曰：眇能视，不足以有明也；跛能履，不足以与行也。咥人之凶，位不当也。武人为于大君，志刚也。

◎九四：履虎尾，愬愬⑤终吉。

【注释】①素履：照平常那样走。②幽人：无名利心者。③中：指心。④眇：瞎了一只眼。⑤愬愬：小心谨慎。

与经典同行　与圣人为伍

▲《象》曰：愬愬终吉，志行也。

◎九五：夬①履，贞厉。

▲《象》曰：夬履贞厉，位正当也。

◎上九：视履考祥②，其旋，元吉。

▲《象》曰：元吉在上，大有庆也。

【注释】①夬：果决。②考祥：研究是否吉利。

履虎尾图　明·曹士珩

履卦第十

读经诵典　受益匪浅

泰卦① 第十一

☰☷ 乾下 坤上

【注释】①《泰》卦：象征自然、社会的和顺美好。

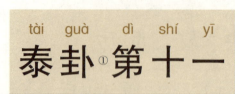

否泰往来图　元·《大易象数钩深图》

与经典同行　与圣人为伍

● 泰：小往大来，吉亨。

★《彖》曰：泰，小往大来，吉亨。则是天地交，而万物通也，上下交而其志同也。内阳而外阴，内健而外顺①，内君子而外小人，君子道长，小人道消也。

▲《象》曰：天地交，泰；后以财裁

【注释】①内健而外顺：上坤为顺，下乾为健。

泰卦第十一

地天泰　明·《断易天机》

此卦尧帝将禅位卜得之，乃得舜而逊位也。
解曰：月中桂开官人登梯，乃足蹑云梯手扳仙桂也。鹿啣书，乃天恩赐禄书也。小儿在云中，乃年少子步青云也。一羊回头，未位见喜也。

成①天地之道，辅相②天地之宜，以左右③民。

◎初九：拔茅茹④，以其汇⑤，征⑥吉。

▲《象》曰：拔茅征吉，志在外也。

◎九二：包荒⑦，用冯⑧河，不遐遗。朋亡[无]⑨，得尚于中行。

▲《象》曰：包荒，得尚于中行，以光大也。

◎九三：无平不陂，无往不復。艰贞⑩无咎。勿恤⑪其孚，于食有福。

▲《象》曰：无往不復，天地际⑫也。

◎六四：翩翩⑬，不富⑭以其邻，不戒以孚⑮。

【注释】①财成：财通"裁"，即裁成，调节。②辅相：辅佐帮助。③左右：同"佐佑"，保祐。④茹：根系牵连貌。⑤汇：同类会聚，指九二、九三。⑥征：进发。⑦包荒：包容宽广。⑧冯：涉越。⑨朋亡：没有朋党。亡，通"无"。⑩艰贞：艰难守正。⑪恤：担心。⑫天地际：泰卦下乾上坤，九三正在上下卦的交接处，所以说"天地际"。⑬翩翩：鸟飞翔样。⑭不富：《易经》以阴为不富。六四、六五、上六均为阴爻，所以说"不富以其邻"。⑮不戒以孚：不相互有戒心是因为有诚信。

▲《象》曰：翩翩不富，皆失实①
也。不戒以孚，中心愿也。

◎六五：帝乙②归妹③，以祉元吉。

▲《象》曰：以祉元吉，中以行愿
也。

◎上六：城复④于隍⑤，勿用师。自
邑挹⑥告命，贞吝。

▲《象》曰：城复于隍，其命乱
也。

【注释】①失实：虚心。阴爻中间缺断，所以说"不实"。②帝乙：商纣王之父。③归妹：嫁女。④復：同"覆"。⑤隍：干涸的城沟。⑥邑：通"挹"，减损。

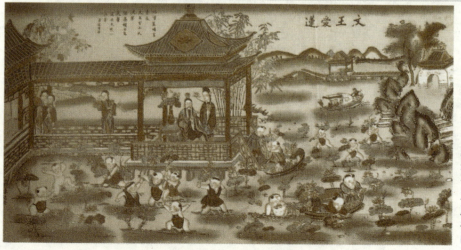

文王爱莲图·杨柳青木版年画

否卦①第十二

坤下 乾上

【注释】①《否》卦：象征阴阳隔绝，天地闭塞。

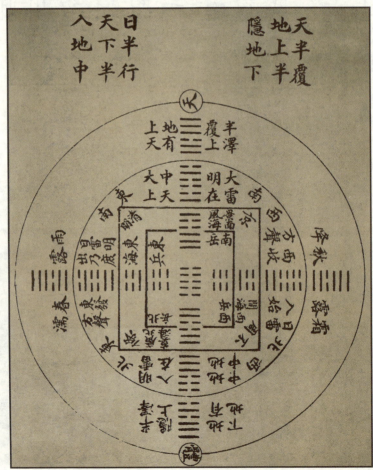

通知昼夜之图 明·《来注易经图解》

与经典同行　与圣人为伍

● 否：否①之匪人②，不利君子贞，大往小来③。

★《彖》曰：否之匪人，不利君子贞，大往小来，则是天地不交而万物不通也。上下不交，而天下

【注释】①否：不通泰，不顺利。②匪人：非其人。③大往小来：指上乾往下，下坤往上。

天地否　明·《断易天机》

此卦苏秦将游说六国卜得之，後果为相矣。

解曰：男子卧病，病在往图也。镜破，明中有损也。人路上坐，远未能到也。张弓箭头落地，射不中也。人拍掌笑，喜极生悲也。口舌，主唇吻也。

否卦第十二

无邦也。内阴而外阳，内柔而外刚，内小人而外君子。小人道长，君子道消也。

▲《象》曰：天地不交，否；君子以俭德辟[避]①难，不可荣以禄。

◎初六：拔茅茹，以其汇，贞吉，亨。

▲《象》曰：拔茅贞吉，志在君也。

◎六二：包承②，小人吉，大人否亨。

▲《象》曰：大人否亨，不乱群③也。

◎六三：包羞④。

▲《象》曰：包羞，位不当也。

◎九四：有命无咎，畴[俦]⑤离祉⑥。

【注释】①辟：通"避"。②包承：被包容而拍马逢迎。③乱群：搞乱群体，指大人与小人混为一体。④包羞：被包容而为非，故可耻。⑤畴：同"俦"，同类。⑥离祉：受福。离，依附；祉，福。

与经典同行　与圣人为伍

▲《象》曰：有命无咎，志行也。

◎九五：休①否，大人吉。其亡其亡，系于苞桑。

▲《象》曰：大人之吉，位正当也。

◎上九：倾②否，先否後喜。

▲《象》曰：否终则倾，何可长也？

【注释】①休：停止。②倾：倾覆。

否卦第十二

女娲氏炼石补天图　明·《开辟衍义》

读经诵典　受益匪浅

同人卦① 第十三

☲ 离下 乾上

【注释】①《同人》卦：象征团结。

同人之图　元·《大易象数钩深图》

与经典同行　与圣人为伍

● 同人：同人于野，亨。利涉大川，利君子贞。

★《彖》曰：同人，柔得位得中①而应乎乾，曰同人。同人曰："同人于野，亨，利涉大川。"乾行也。文

【注释】①柔得位得中：指六二以阴爻居阴位，且位于下离的中间。

同人卦第十三

天火同人　明·《断易天机》

此卦刘文龙在外求官卜得之，後果衣锦还乡。
解曰：人捧文书上有心字，心专名利兼有也。人张弓射山上，乃高中也。一鹿饮水，乃爵禄源源而来如水不绝也。一溪，乃峰前程远大也。

61

明以健①，中正而应②，君子正也。唯君子为能通天下之志。

▲《象》曰：天与火，同人；君子以类族辨物。

◎初九：同人于门③，无咎。

▲《象》曰：出门同人，又谁咎也？

◎六二：同人于宗，吝。

▲《象》曰：同人于宗④，吝道也。

◎九三：伏戎⑤于莽⑥，升其高陵，三岁不兴。

▲《象》曰：伏戎于莽，敌刚⑦也。三岁不兴，安行也？

◎九四：乘其墉⑧，弗克攻，吉。

【注释】①文明以健：文明指下离，健指上乾。②中正而应：指六二和九五分居上下卦的中间，且阴爻居阴位，阳爻居阳位，彼此阴阳正应。③门：出门。④宗：宗族。⑤戎：部队。⑥莽：草莽。⑦敌刚：与刚为敌。刚，指上乾。⑧墉：城墙。

▲《象》曰：乘其墉，义弗克也。其吉，则困而反[返]则也。

◎九五：同人，先号咷①而後笑。大师②克相遇。

▲《象》曰：同人之先，以中直也。大师相遇，言相克也。

◎上九：同人于郊，无悔。

▲《象》曰：同人于郊，志未得也。

【注释】①号咷：嚎啕大哭。②大师：强大的部队。

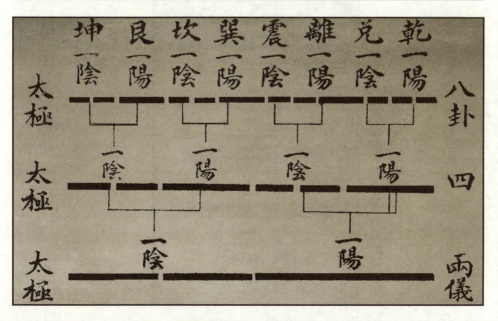

一阴一阳谓道图　明·《来注易经图解》

大有卦① 第十四

☰ 乾下 离上

【注释】①《大有》卦：象征盛大富有，大为顺利。

大有守位图 元·《大易象数钩深图》

64

与经典同行　与圣人为伍

● 大有：元亨。

★《象》曰：大有，柔得尊位[①]，大中而上下应之，曰大有。其德刚健而文明[②]，应乎天而时行，是以元亨。

【注释】①柔得尊位：指本卦第五个爻位为阴。②刚健而文明：刚健指下乾，文明指上离。

火天大有　明·《断易天机》

此卦是蔺相如送赵璧往秦卜得之，後果还璧也。
解曰：妇人腹中一道气，喜气也。气中二小儿，有孕双生之，兆也。一药王，临产遇良医也。药有光，药灵验也。女人受药，受灾也。一犬，戍日见喜。

大有卦第十四

▲《象》曰：火在天上，大有；君子以遏恶扬善，顺天休命①。

◎初九：无交害②，匪咎，艰则无咎。

▲《象》曰：大有初九，无交害也。

◎九二：大车以载，有攸往，无咎。

▲《象》曰：大车以载，积中不败也。

◎九三：公用亨③于天子，小人弗克④。

▲《象》曰：公用亨于天子，小人害也。

◎九四：匪其彭⑤，无咎。

【注释】①休命：使生命美好。②无交害：没有交相侵害。因为初九与九四没有正应关系。③用亨：朝献，进贡。亨，通"享"。④弗克：做不到。⑤匪其彭：不过盛。彭，通"膨"，茂盛的样子。

▲《象》曰：匪其彭[膨]，无咎，明辨晳[哲]也。

◎六五：厥①孚交如②，威如③，吉。

▲《象》曰：厥孚交如，信以發志也。威如之吉，易而无备也。

◎上九：自天佑之，吉无不利。

▲《象》曰：大有上吉，自天佑也。

【注释】①厥：他的。②交如：交接上下。③威如：威严自显。

大有卦第十四

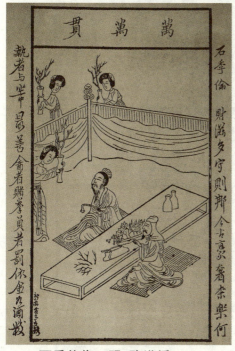

石季伦像　明·陈洪绶

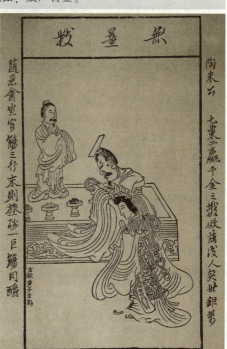

陶朱公像　明·陈洪绶

读经诵典 受益匪浅

谦卦① 第十五

☷ 艮下 坤上
gèn xià kūn shàng

【注释】①《谦》卦：象征谦逊。

谦象之图 元·《大易象数钩深图》

68

与经典同行 与圣人为伍

● 谦：亨，君子有终。

★《象》曰：谦，亨，天道下济而光明，地道卑而上行。天道亏盈而益谦，地道变盈而流谦，鬼神害盈而福谦，人道恶盈而好谦。谦尊而光，卑而不可逾，君子之终也。

谦卦第十五

地山谦 明·《断易天机》

此卦唐玄宗因禄山乱卜得之，乃知干戈必息也。

解曰：月当天，无私也。一人骑鹿，才禄俱至也。三人脚下乱丝，乃牵连未得解也。贵人捧镜，乃遇清王官人也。文字上有公字，公事得理也。

69

▲《象》曰：地中有山①，谦；君子以裒多益寡②，称物平施。

◎初六：谦谦君子，用③涉大川，吉。

▲《象》曰：谦谦君子，卑以自牧也。

◎六二：鸣谦④，贞吉。

▲《象》曰：鸣谦贞吉，中心得也。

◎九三：劳谦⑤君子，有终吉。

▲《象》曰：劳谦君子，万民服也。

◎六四：无不利，撝⑥谦。

▲《象》曰：无不利，撝谦，不违则也。

◎六五：不富以其邻，利用侵伐，无

【注释】①地中有山：上坤为地，下艮为山。②裒多益寡：取多而补不足。裒，取。③用：凭着（谦退）。④鸣谦：宣扬谦让。⑤劳谦：勤劳谦虚。九三位居下卦，五阴倚之，是有功不居之像，所以说"劳谦"。⑥撝：通"挥"，發挥。

不利。

▲《象》曰：利用侵伐，征不服也。

◎ 上六：鸣谦，利用行师①征邑国。

▲《象》曰：鸣谦，志未得也。可用行师，征邑国也。

【注释】①行师：出兵。

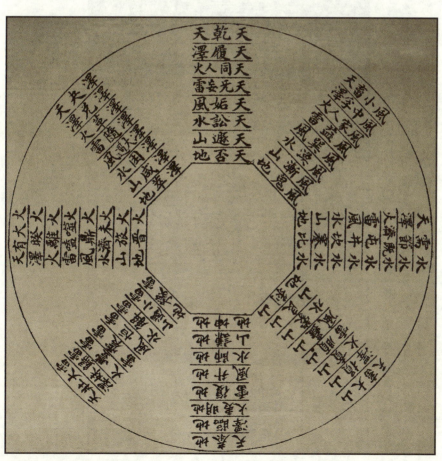

全体心天图 明·《来注易经图解》

豫卦^①第十六

坤下 震上

【注释】①《豫》卦：象征自在安乐。

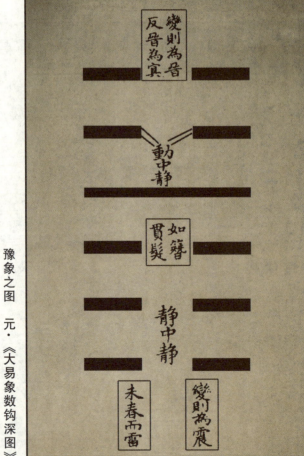

豫象之图 元·《大易象数钩深图》

与经典同行　与圣人为伍

● 豫：利建侯、行师。

★《象》曰：豫，刚应①而志行②，顺以动③，豫。豫，顺以动，故天地如之，而况建侯行师乎？天地以顺动，故日月不过④而四时不忒⑤；圣人以顺动，则刑罚清而民服。

【注释】①刚应：指九四与初六应。②志行：志趣实现。③顺以动：顺物性而动。下坤为顺，上震为动。④过：运行过头。⑤忒：差错。

豫卦第十六

雷地豫　明·《断易天机》

此卦诸葛孔明讨南蛮卜得之，便知必胜也。
解曰：两重山，乃出也。官人在中，出求贵也。一禄一马，乃禄马运动也。金银数锭钱一堆者，乃厚获钱钞无数也。占者得之，求才遇贵之兆。

73

豫之时义大矣哉！

▲《象》曰：雷出地奋，豫；先王以作乐崇德，殷①荐之上帝，以配祖考。

◎初六：鸣豫②，凶。

▲《象》曰：初六鸣豫，志穷凶也。

◎六二：介于石③，不终日，贞吉。

▲《象》曰：不终日，贞吉，以中正也。

◎六三：盱④豫，悔；迟有悔。

▲《象》曰：盱豫有悔，位不当⑤也。

◎九四：由豫，大有得。勿疑，朋盍簪⑥。

▲《象》曰：由豫，大有得，志大行也。

◎六五：贞疾⑦，恒不死。

【注释】①殷：隆重。②鸣豫：宣扬快乐。③介于石：硬如石。介，耿介，有骨气。④盱：张开眼睛，指察颜观色（上面的九四象征权贵）。⑤位不当：指阴爻六居于阳位三。⑥盍簪：收束簪子（指朋友像头发一般多，齐聚集在身边）。⑦贞疾：以正致病。

▲《象》曰：六五贞疾，乘刚也。恒不死，中未亡也。

◎上六：冥豫①，成有渝，无咎。

▲《象》曰：冥豫在上，何可长也？

【注释】①冥豫：暗中作乐。

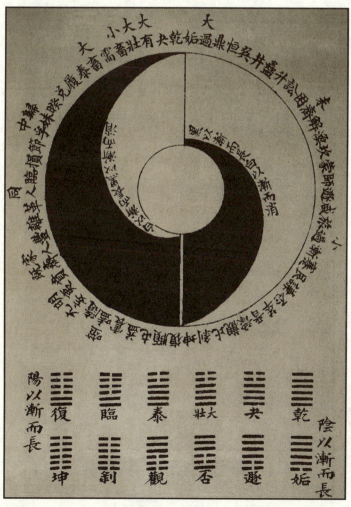

伏羲卦 明·《来注易经图解》

豫卦第十六

随卦① 第十七

震下 兑上

【注释】①《随》卦：象征随从向善。

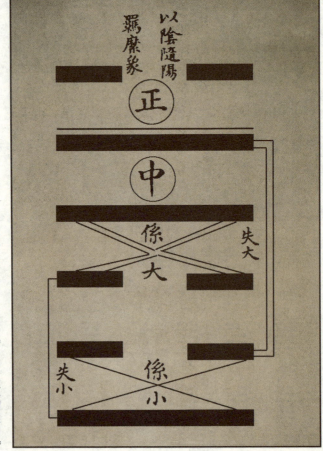

随卦系失图 元·《大易象数钩深图》

与经典同行　与圣人为伍

● 随：元亨，利贞，无咎。

★《彖》曰：随，刚来而下柔，动而说[悦]①，随。大亨贞，无咎，而天下随时。随时之义大矣哉！

▲《象》曰：泽中有雷，随；君子以向晦②入宴息③。

【注释】①说：通"悦"。②向晦：入夜。③宴息：休息。

泽雷随　明·《断易天机》

此卦孙膑破秦卜得之，便知决胜也。

解曰：云中鹰传书，信至也。一堆钱，有才也。朱门内有人坐，乃坐官府也。一人在门外立地，乃士人求进欲得变身也，凡事值此得贵人力也。

随卦第十七

◎ 初九：官有渝①，贞吉。出门交有功。

▲《象》曰：官有渝，从正吉也。出门交有功，不失也。

◎ 六二：系小子，失丈夫。

▲《象》曰：系小子，弗兼与②也。

◎ 六三：系丈夫，失小子。随有求得，利居贞。

▲《象》曰：系丈夫，志舍下③也。

◎ 九四：随有获，贞凶。有孚在道，以明，何咎？

▲《象》曰：随有获，其义凶也。有孚在道，明功也。

【注释】①渝：变化。②兼与：兼有亲朋好友。③舍下：放弃下面。

◎ 九五：孚于嘉①，吉。

▲《象》曰：孚于嘉，吉，位正中也。

◎ 上六：拘系②之，乃从，维之。王用亨[享]③于西山。

▲《象》曰：拘系之，上穷也。

【注释】①孚于嘉：施诚信于美。②拘系：抓住捆起来。③用亨：设祭。亨，通"享"。

龙马负河图洛书 清·《绣像开辟演义》

读经诵典 受益匪浅

蛊卦① 第十八
gǔ guà dì shí bā

☴ 巽下 艮上
xùn xià gèn shàng

【注释】①《蛊》卦：象征积弊日久，必须整治弊乱。蛊，本义为小虫。

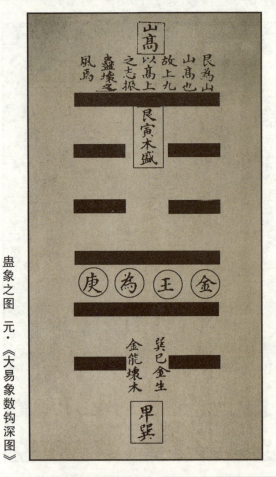

蛊象之图 元·《大易象数钩深图》

● 蠱：元亨，利涉大川。先甲三日①，後甲三日。

★《彖》曰：蠱，剛上而柔下②，巽而止，蠱。蠱，元亨而天下治也。利涉大川，往有事也。先甲三日，後甲三日，終則有始，天行也。

▲《象》曰：山下有風，蠱；君子以

【注释】①先甲三日：在甲日之前三天。②刚上而柔下：刚，指上艮；柔，指下巽。

蠱卦第十八

山風蠱　明·《斷易天機》

此卦伯乐疗马卜得之，乃知马难治，见三蛊同器皿也。

解曰：孙儿在云中，有子荣贵见。雁衔一书，乃喜信也。一鹿，乃爵禄也。一钱，乃钱财也。男女相拜，有好事相庆也。

81

振民育德。

◎ 初六：干父之蛊①，有子，考②无咎，厉终吉。

▲《象》曰：干父之蛊，意③承考也。

◎ 九二：干母之蛊，不可贞。

▲《象》曰：干母之蛊，得中道也。

◎ 九三：干父之蛊，小有悔④，无大咎。

▲《象》曰：干父之蛊，终无咎也。

◎ 六四：裕⑤父之蛊，往见吝。

▲《象》曰：裕父之蛊，往⑥未得也。

◎ 六五：干父之蛊，用誉⑦。

▲《象》曰：干父之蛊，承以德也。

◎ 上九：不事王侯，高尚其事。

▲《象》曰：不事王侯，志可则⑧也。

【注释】①干父之蛊：干，做，办理。蛊，事。谓儿子能匡正父之弊乱。②考：父亲。③意：目的。④悔：失误。⑤裕：宽缓。⑥往：往後。⑦用誉：受到称赞。⑧志可则：志向值得效法。

临卦①第十九

兑下 坤上

【注释】①《临》卦：象征君王统治人民。

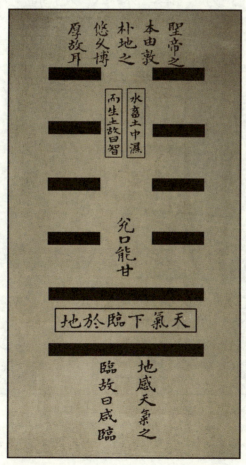

临象之图 元·《大易象数钩深图》

● 临：元亨，利贞。至于八月有凶。

★《彖》曰：临，刚浸而长①。说[悦]而顺②，刚中而应③，大亨以正，天之道也。至于八月有凶，消不久也。

▲《象》曰：泽上有地，临。君子以教思无穷，容保民无疆。

【注释】①刚浸而长：指初九和九二两阳爻逐步上长。②说而顺：上兑为悦，上坤为顺。说，通"悦"。③刚中而应：指九二和六五有正应关系，比喻阴阳合德。

地泽临　明·《断易天机》

此卦蔡琰去番卜得之，乃知必远故国也。
解曰：妇人乘风，风峰动阴才也。一车上有使旗，乃太守车也。人在山顶头，乃危道也。虎在山下坐，可防危也。一合，乃和合也。人射弓，乃得贵人牵引之象。

◎ 初九：咸临①，贞吉。

▲《象》曰：咸临，贞吉，志行正也。

◎ 九二：咸临，吉，无不利。

▲《象》曰：咸临，吉，无不利，未顺命也。

◎ 六三：甘临②，无攸利。既忧之，无咎。

▲《象》曰：甘临，位不当也。既忧之，咎不长也。

◎ 六四：至临③，无咎。

▲《象》曰：至临无咎，位当④也。

◎ 六五：知[智]⑤临，大君之宜，吉。

▲《象》曰：大君之宜，行中之谓也。

◎ 上六：敦临⑥，吉，无咎。

▲《象》曰：敦临之吉，志在内也。

【注释】①咸临：感化式管理。咸，感化，感知。②甘临：甜言蜜语式管理。甘，甜。③至临：亲近式管理。④位当：指六四阴爻居阴位，且与初九正应。⑤知临：智慧型管理。知，同"智"。⑥敦临：宽厚式管理。敦，忠厚。

读经诵典　受益匪浅

观卦① 第二十

☷ kūn xià xùn shàng
坤下　巽上

【注释】①《观》卦：象征观仰。

观国之光图　元·《大易象数钩深图》

与经典同行　与圣人为伍

● 观：盥①而不荐②，有孚颙③若。

★《彖》曰：大观④在上，顺而巽，中正⑤以观天下。观，盥而不荐，有孚颙若，下观而化也。观天之神道，而四时不忒，圣人以神道设教，而天下服矣。

▲《象》曰：风行地上，观；先王以

【注释】①盥：洗手。②荐：献祭。③颙：仰望。④大观：指上面两阳爻，比喻天子雄视天下。⑤中正：指九五爻位甚佳。

观卦第二十

风地观　明·《断易天机》

此卦唐明皇与叶静游月宫卜得之，虽有好事必违也。
解曰：日月当天，大明普照也。官人香案边立，香案吏符从贵也。鹿在山上，高禄也。金甲人，神人也。执印秤，印者信也，秤者提权也，均吉也。

87

省方①，观民设教。

◎初六：童观，小人无咎，君子吝。

▲《象》曰：初六童观，小人道也。

◎六二：窥观，利女贞。

▲《象》曰：窥观女贞，亦可丑也。

◎六三：观我②生，进退。

▲《象》曰：观我生，进退，未失道也。

◎六四：观国之光，利用③宾于王④。

▲《象》曰：观国之光，尚宾也。

◎九五：观我生，君子无咎。

▲《象》曰：观我生，观民也。

◎上九：观其生，君子无咎。

▲《象》曰：观其生，志未平也。

【注释】①省方：巡视方国。②我：自己。③利用：有利于。④宾于王：在王那里做客。

噬嗑卦① 第二十一

震下 离上

【注释】①《噬嗑》卦：象征治狱。噬是咀嚼，嗑是合嘴。

噬嗑身口象图 元·《大易象数钩深图》

● 噬嗑：亨，利用狱。

★《彖》曰：颐中有物曰噬嗑，噬嗑而亨。刚柔分，动而明，雷电合而章①。柔得中而上行②，虽不当位③，利用狱也。

▲《象》曰：雷电噬嗑，先王以明罚敕法。

【注释】①雷电合而章：下震上离合起来很灿烂辉煌。②柔得中而上行：指六二居于下震的中间，向上运动而成六五。③不当位：指六五阴爻而居阳位。

火雷噬嗑　明·《断易天机》

此卦苏秦说六国卜得之，後为六国丞相。

解曰：北斗星，乃主人灾祸也。妇人烧香拜，禳谢也。忧字不全，无忧也。喜字全，主有喜庆也。一雁食稻一钱财，一鹿者，爵禄皆足无不称心。

与经典同行　与圣人为伍

◎ 初九：屦校灭趾①，无咎。

▲《象》曰：屦校灭趾，不行也。

◎ 六二：噬肤灭鼻②，无咎。

▲《象》曰：噬肤灭鼻，乘刚③也。

◎ 六三：噬腊肉④，遇毒；小吝，无咎。

▲《象》曰：遇毒，位不当⑤也。

◎ 九四：噬干胏，得金矢，利艰贞吉。

▲《象》曰：利艰贞吉，未光⑥也。

◎ 六五：噬干肉，得黄金，贞厉，无咎。

▲《象》曰：贞厉，无咎，得当也。

◎ 上九：何(荷)校灭耳⑦，凶。

▲《象》曰：何(荷)校灭耳，聪不明也。

噬嗑卦第二十一

【注释】①屦校灭趾：鞋套刑具遮没脚趾。比喻刑罚很轻。②噬肤灭鼻：咬啮肌肤伤损鼻子。③乘刚：指六二以阴爻凌驾于阳爻初九之上。④腊肉：谓兽腊，全体骨而为之者，坚韧之物也。⑤位不当：六三以阴爻居阳位，所以说不当。⑥光：光大。⑦何校灭耳：戴着木枷遮住耳朵。何，通"荷"；校，枷锁。

91

贲卦① 第二十二

☲ 离下 艮上

【注释】①《贲》卦：象征文饰。

贲天文之图　元·《大易象数钩深图》

与经典同行　与圣人为伍

● 贲：亨。小利有攸往。

★《彖》曰：贲，亨；柔来而文刚，故亨。分刚上而文柔，故小利有攸往。刚柔交错，天文也；文明以止①，人文也。观乎天文以察时变，观乎人文以化成天下。

【注释】①文明以止：文明指下离，上艮为止。止，止于礼义，各自行为符合名分。

山火贲　明·《断易天机》

此卦管鲍卜得，後果获金，彼此相逊终显名义也。
解曰：雨下，润泽也。车行路，有运转也。舟张帆在江中，遇顺风也。官人着公服登梯，乃足蹑云梯手攀月桂也。仙女云中执桂，乃姮娥爱少年也。

贲卦第二十二

▲《象》曰：山下有火，贲；君子以明庶政①，无敢折狱②。

◎初九：贲其趾，舍车而徒。

▲《象》曰：舍车而徒，义③弗乘也。

◎六二：贲其须。

▲《象》曰：贲其须，与上兴④也。

◎九三：贲如，濡如⑤，永贞吉。

▲《象》曰：永贞之吉，终莫之陵⑥也。

◎六四：贲如，皤如⑦，白马翰如，匪寇婚媾⑧。

▲《象》曰：六四，当位疑⑨也。匪

【注释】①庶政：一般的政事。②折狱：审判案件。③义：从道理上讲。④与上兴：指六二与九三为文饰。⑤贲如、濡如：文饰极盛。濡，润泽，用作动词；如，语末助词。⑥莫之陵：莫陵之。陵，超越。一作陵侮。⑦贲如、皤如：指返朴归真。皤，纯白。⑧匪寇婚媾：不是来抢掠而是来求婚配。⑨位疑：指以上艮为代表的质朴与贲卦的文饰倾向在追求上不一致。

寇婚媾，终无尤①也。

◎ 六五：贲于丘园，束帛戋戋，吝，终吉。

▲《象》曰：六五之吉，有喜也。

◎ 上九：白贲，无咎。

▲《象》曰：白贲无咎，上得志也。

【注释】①尤：过失。

易有太极图　明·《程氏墨苑》

读经诵典 受益匪浅

剥卦① 第二十三

坤下 艮上

【注释】①《剥》卦：象征事物被侵蚀剥落。

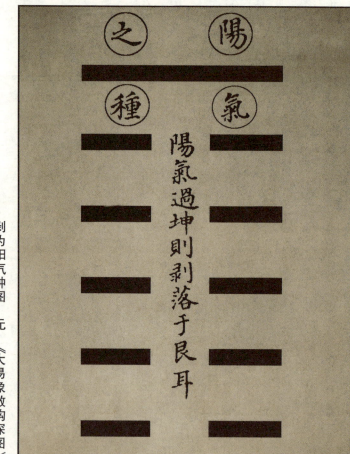

剥为阳气种图 元·《大易象数钩深图》

与经典同行　与圣人为伍

● 剥：不利有攸往。

★《彖》曰：剥，剥也，柔变刚也。不利有攸往，小人①长也。顺而止之②，观象也。君子尚消息盈虚，天行也。

▲《象》曰：山附于地，剥；上以厚下，安宅。

【注释】①小人：指以阴爻为象征的消极势力。②顺而止之：顺是下坤的特性，止是上艮的特性。

山地剥　明·《断易天机》

此卦是尉迟将军与金牙斗争卜得之，不利男子。
解曰：妇人床上坐，防阴人灾也。烛风中，明灭不定也。葫芦，药具也。山下官人坐，退居也。冠中挂木上，喻休官也。一结乱丝，难整理收拾也。

剥卦第二十三

◎ 初六：剥床以足，蔑[灭]①，贞凶。

▲《象》曰：剥床以足，以灭下也。

◎ 六二：剥床以辨，蔑[灭]，贞凶。

▲《象》曰：剥床以辨[遍]②，未有与③也。

◎ 六三：剥之，无咎。

▲《象》曰：剥之无咎，失上下④也。

◎ 六四：剥床以肤⑤，凶。

▲《象》曰：剥床以肤，切近灾也。

◎ 六五：贯鱼⑥，以宫人宠，无不利。

▲《象》曰：以宫人宠，终无尤也。

◎ 上九：硕果不食，君子得舆，小人剥庐。

▲《象》曰：君子得舆，民所载也；小人剥庐，终不可用也。

【注释】①蔑：通"灭"。②辨：通"遍"，指四周的栏板。一作床身与床足之间的床干。③与：帮助。④上下：指亲近者。⑤肤：肌肤。此处喻指"床面"。⑥贯鱼：像鱼一样连贯而行。

与经典同行 与圣人为伍

復卦①第二十四

震下 坤上

【注释】①《復》卦：象征重新生长。

復七日图 元·《大易象数钩深图》

● 復：亨。出入无疾，朋来无咎。反復其道①，七日②来復，利有攸往。

★《彖》曰：復，亨，刚反，动③而以顺④行，是以出入无疾，朋来无咎。反復其道，七日来復，天行也。利有攸往，刚长也。復，其见

【注释】①反復其道：指初九孤阳在循环道路上反復运行。②七日：从初到上再返回初，共经历七个爻位。③动：指下震。④顺：指上坤。

地雷復　明·《断易天机》

此卦唐太宗归天卜得之，後七日復还魂也。
解曰：官人乘车，乃使车也。上两只旗，乃门旗也。墩子东字，乃江东侯战也。一将持刀立，乃武卒归降也。一兔一虎，乃寅卯位见求官显达也。

天地之心乎？

▲《象》曰：雷在地中，復；先王以至日闭关①，商旅不行，后不省方②。

◎初九：不远復，无祗③悔，元吉。

▲《象》曰：不远之復，以修身④也。

◎六二：休⑤復，吉。

▲《象》曰：休復之吉，以下仁⑥也。

◎六三：频顰⑦復，厉，无咎。

▲《象》曰：频顰復之厉，义无咎也。

◎六四：中行⑧独復。

▲《象》曰：中行独復，以从道也。

【注释】①至日闭关：夏至和冬至日静养。②后不省方：君王不视察侯国。③祗：当为"祇"，大。一说为灾患。④修身：提高道德修养水平。⑤休：美好。⑥下仁：指初九。⑦频：古文顰字，皱眉。⑧中行：六四位于五个阴爻的中间，所以说中行。

◎ 六五：敦①復，无悔。

▲《象》曰：敦復无悔，中以自考②也。

◎ 上六：迷復③，凶，有災眚④。用行師，終有大敗，以其國君凶，至于十年不克征。

▲《象》曰：迷復之凶，反君道也。

【注釋】①敦：篤誠。②自考：自我考察，反省。③迷復：迷而復。④眚：禍害。

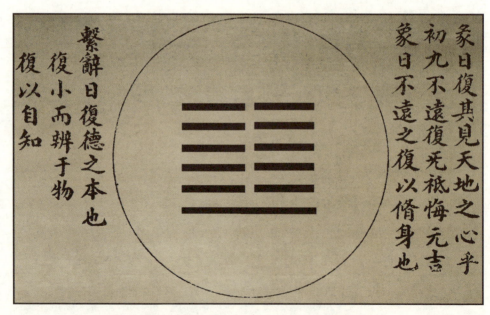

復見天地之心圖　明·《來注易經圖解》

wú wàng guà dì èr shí wǔ
无妄卦① 第二十五

☳☰ zhèn xià qián shàng
震下 乾上

【注释】① 《无妄》卦：象征不妄为。

无妄本中孚图　元·《大易象数钩深图》

读经诵典　受益匪浅

● 无妄：元亨，利贞。其匪正有眚①，不利有攸往。

★《彖》曰：无妄，刚自外来②而为主于内。动而健③，刚中而应④。大亨以正，天之命也。其匪正有眚，不利有攸往，无妄之往何之⑤矣？

【注释】①匪正有眚：不行正道有祸。②刚自外来：按卦变论，本卦的初九是从讼卦的九二变来的，故有此说。③动而健：下震是动，上乾是健。④刚中而应：指上卦的九五与下卦的六二阴阳正应。⑤何之：之何，去哪里。

天雷无妄　明·《断易天机》

此卦李广卜得之，後凡为事不利也。
解曰：官人射鹿，乃禄有指射也。鹿衔文书，乃禄书至也。钱一堆在水中，乃钱塘得禄也。一鼠一猪，乃亥子位上见也，占者得之，凡百皆利之兆。

天命不佑，行矣哉！

▲《象》曰：天下雷行，物与①无妄；先王以茂对时，育万物。

◎初九：无妄，往吉。

▲《象》曰：无妄之往，得志也。

◎六二：不耕获，不菑畬②，则利有攸往。

▲《象》曰：不耕获，未富也。

◎六三：无妄之灾，或系之牛，行人之得，邑人之灾。

▲《象》曰：行人得牛，邑人灾也。

◎九四：可贞，无咎。

▲《象》曰：可贞无咎，固有之也。

【注释】①物与：与物。②菑畬：新辟的生地与久种的熟地。

◎ 九五：无妄之疾，勿药有喜[①]。

▲《象》曰：无妄之药，不可试也。

◎ 上九：无妄，行有眚，无攸利。

▲《象》曰：无妄之行，穷之灾也。

【注释】①勿药有喜：无需服药而自愈。

五圣菁室之图　明·《断易天机》

与经典同行　与圣人为伍

大畜卦① 第二十六
dà xù guà dì èr shí liù

qián xià　gèn shàng
乾下　艮上

【注释】①《大畜》卦：象征畜聚至大。

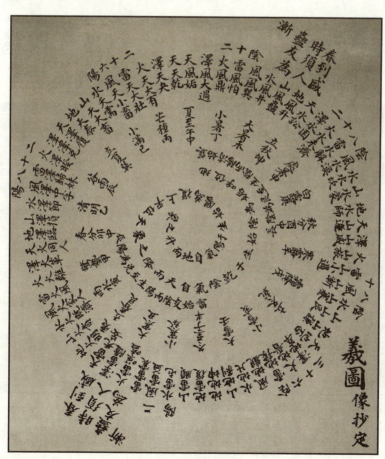

一中分造化圆图　明·《来注易经图解》

● 大畜：利贞。不家食①吉，利涉大川。

★《彖》曰：大畜，刚健笃实，辉光日新。其德刚上②而尚贤，能止健③，大正也。不家食吉，养贤也；利涉大川，应乎天也。

▲《象》曰：天在山中，大畜；君子以多识④前言往行，以畜⑤其德。

【注释】①不家食：不在家吃饭，意思是应食禄于朝廷。②刚上：指九五居于君位之上。③止健：指艮可对下乾进行控制。④识：记取。⑤畜：积累，培养。

山天大畜　明·《断易天机》

此卦昔神尧卜得之，後果登天位也。

解曰：一鹿一马者，禄马并如意也。月下有文书，明且贵也。官人凭栏，乃清闲贵人也。栏内苍发茂盛，乃见西液判苍之战也，此卦最利求官。

◎ 初九：有厉，利已①。

▲《象》曰：有厉利已，不犯灾也。

◎ 九二：舆说脱輹②。

▲《象》曰：舆说脱輹，中无尤③也。

◎ 九三：良马逐，利艰贞。曰闲娴舆卫④，利有攸往。

▲《象》曰：利有攸往，上合志也。

◎ 六四：童牛之牿⑤，元吉。

▲《象》曰：六四元吉，有喜也。

◎ 六五：豮豕⑥之牙，吉。

▲《象》曰：六五之吉，有庆也。

◎ 上九：何荷天之衢⑦，亨。

▲《象》曰：何荷天之衢，道大行也。

【注释】①利已：利于停止或放弃。②舆说輹：马车脱掉了车輹。说，通"脱"；輹，固定车轴与车厢的钩子。③尤：过失。④曰闲舆卫：日渐熟练车马防卫的技能。曰，当为日；闲，通"娴"，熟练。⑤牿：装在牛头上的木棍，用以控制牛。⑥豮豕：阉猪。⑦何天之衢：多么通畅的天路。

读经诵典 受益匪浅

颐卦① 第二十七

☷ 震下 艮上

【注释】①《颐》卦：象征颐养。

颐灵龟图 元·《大易象数钩深图》

与经典同行　与圣人为伍

● 颐：贞吉。观颐①，自求口实②。

★ 《彖》曰：颐，贞吉，养正则吉也。观颐，观其所养也。自求口实，观其自养也。天地养万物，圣人养贤以及万民。颐之时大矣哉！

▲ 《象》曰：山下有雷③，颐；君子以慎言语，节饮食。

【注释】①观颐：观察腮帮子，即观察事物的颐养现象。②口实：食物。③山下有雷：指本卦的卦象为上艮下震。

颐卦第二十七

山雷颐　明·《断易天机》

此卦张骞寻黄河源卜得之，乃知登天位也。
解曰：雨下，乃降泽也。三小儿，乃年少沾恩之象。日当天，日者君也。香案，乃御筵也。金紫官人引一人，乃是得侍从接引方得功成名就之兆也。占者皆吉。

111

◎初九：舍尔灵龟，观我朵颐，凶。

▲《象》曰：观我朵颐，亦不足贵也。

◎六二：颠颐①，拂经②于丘颐③，征凶。

▲《象》曰：六二征凶，行失类也。

◎六三：拂颐④，贞凶，十年勿用，无攸利。

▲《象》曰：十年勿用，道大悖也。

◎六四：颠颐，吉。虎视眈眈，其欲逐逐⑤，无咎。

▲《象》曰：颠颐之吉，上施光也。

◎六五：拂经，居贞吉，不可涉大川。

▲《象》曰：居贞之吉，顺以从上⑥也。

◎上九：由颐⑦，厉吉⑧，利涉大川。

▲《象》曰：由颐，厉吉，大有庆也。

【注释】①颠颐：颠倒颐养。②拂经：违反常理。③丘颐：高处的颐养。本卦的上体为艮，故言。④拂颐：违反颐养的正道。⑤逐逐：持续不断。⑥顺以从上：顺，指六五为阴爻；上，指上九。⑦由颐：因为有颐养。⑧厉吉：即使有危险，最终也吉利。

大过卦① 第二十八

䷛ 巽下 兑上

【注释】① 《大过》卦：象征打破平衡。

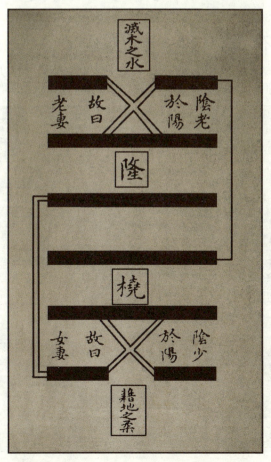

大过栋隆桡图 元·《大易象数钩深图》

● 大过：栋桡①，利有攸往，亨。

★《彖》曰：大过，大者过也②。栋桡，本末弱也。刚过而中，巽而说[悦]行③，利有攸往，乃亨。大过之时大矣哉！

▲《象》曰：泽灭木，大过；君子以独立不惧，遁世无闷。

【注释】①栋桡：屋梁弯曲。②大者过：大，指阳爻，因为有四个，所以说"过"。③巽而说行：逊顺而和悦于行。逊顺是下巽的特性，和悦是上兑的特性。

东斋注易图 明·《程氏墨苑》

与经典同行　与圣人为伍

◎ 初六：藉用白茅，无咎。

▲《象》曰：藉用白茅，柔在下①也。

◎ 九二：枯杨生稊②，老夫得其女妻，无不利。

▲《象》曰：老夫女妻，过以相与③也。

◎ 九三：栋桡，凶。

▲《象》曰：栋桡之凶，不可以有辅也。

◎ 九四：栋隆④，吉；有它，吝。

▲《象》曰：栋隆之吉，不桡乎下也。

大过卦第二十八

【注释】①柔在下：指初六位于四个阳爻之下。②稊：嫩芽。③过以相与：异乎寻常地相互亲与。④栋隆：屋梁隆起。

◎ 九五：枯杨生华[花]，老妇得其士夫①，无咎无誉。

▲《象》曰：枯杨生华[花]，何可久也。老妇士夫，亦可丑也。

◎ 上六：过涉灭顶②，凶，无咎。

▲《象》曰：过涉之凶，不可咎也。

【注释】①士夫：年轻男子。②灭顶：淹没头顶。

周文王像 明·佚名

与经典同行　与圣人为伍

坎卦① 第二十九

坎下 坎上

【注释】①《坎》卦：象征险阻，坎为水。

习坎行险图　元·《大易象数钩深图》

● 习坎①：有孚，维心亨，行有尚。

★《象》曰：习坎，重险也。水流而不盈，行险而不失其信。维心亨，乃以刚中也。行有尚，往有功也。天险，不可升②也；地险，山川丘陵也。王公设险以守其国，险之

【注释】①习坎：重叠的坎。指多重艰险。②升：登。

坎为水　明·《断易天机》

此卦唐玄宗避禄山卜得之，後果身出九重也。

解曰：人在井中，身陷也。人用绳引出，有汲引也。一牛一鼠，子丑日可进用也。人身虎头，有威望也。占者得之谋事遇大贵人方能获吉。

时用大矣哉！

▲《象》曰：水洊①至，习坎；君子以常德行，习教事。

◎初六：习坎，入于坎窞②，凶。

▲《象》曰：习坎，入坎，失道③，凶也。

◎九二：坎有险，求小得。

▲《象》曰：求小得，未出中④也。

◎六三：来之⑤坎坎，险且枕⑥，入于坎窞，勿用。

▲《象》曰：来之坎坎，终无功也。

◎六四：樽酒簋贰⑦，用缶⑧，纳约自牖⑨，终无咎。

【注释】①洊：一再。②窞：深坑。③失道：背离正道。④出中：越出中爻之位置。⑤来之：来去。⑥枕：枕叠，重叠。⑦樽酒簋贰：一樽酒，两簋食。簋，古代的食具。⑧用缶：用瓦器。⑨牖：窗户。

▲《象》曰：樽酒簋贰，刚柔际[1]也。

◎九五：坎不盈，祗既平，无咎。

▲《象》曰：坎不盈，中未大也。

◎上六：系用徽纆[3]，置于丛棘，三岁不得，凶。

▲《象》曰：上六失道，凶三岁也。

【注释】①际：之间。②祗：当作坻，小山坡。③徽纆：绳索。三股的叫徽，两股的叫纆。

坎水洊至图　明·《程氏墨苑》

离卦① 第三十

离下 离上

【注释】①《离》卦：象征附丽。

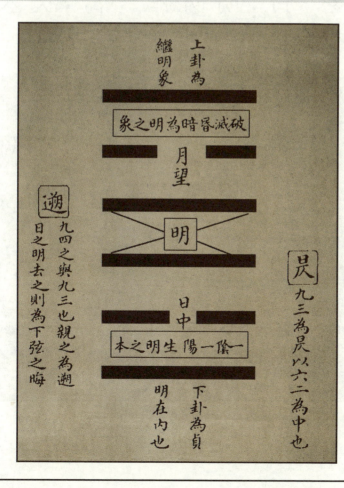

离继明图 元·《大易象数钩深图》

● 离：利贞，亨。畜牝牛，吉。

★《彖》曰：离，丽也。日月丽乎天，百谷草木丽乎土。重明①以丽乎正，乃化成天下。柔丽乎中正②，故亨。是以畜牝牛吉也。

▲《象》曰：明两作③，离；大人以

【注释】①重明：二重光明，指本卦的上下卦离都表示光明。②柔丽乎中正：指主爻六二、六五均为阴，且分居于上下卦的中间。③两作：两次兴作。

离为火　明·《断易天机》

此卦朱买臣被妻弃时卜得之，後知身必贵也。

解曰：人在虎背上立，主有惊险也。一般在江心，乃遇便风也。官人执箭在岸上立，乃遇大贵人荐拔。如箭急也，谋望先凶後喜之象，无咎。

与经典同行　与圣人为伍

继明照于四方。

◎ 初九：履错然①，敬之②，无咎。

▲《象》曰：履错之敬，以辟[避]③咎也。

◎ 六二：黄离④，元吉。

▲《象》曰：黄离元吉，得中道也。

◎ 九三：日昃⑤之离，不鼓缶而歌，则大耋⑥之嗟，凶。

▲《象》曰：日昃之离，何可久也。

◎ 九四：突如其来如，焚如，死如，弃如。

▲《象》曰：突如其来如，无所容也。

◎ 六五：出涕沱若，戚嗟若，吉。

离卦第三十

【注释】①履错然：践履郑重。②敬之：谨慎对待之。③辟：通"避"。④黄离：即丽黄，附着于黄色。黄色在方位五色中是中色。⑤日昃：太阳偏西。⑥大耋：年老之极，八十曰耋。

▲《象》曰：六五之吉，离王公①也。

◎上九：王用出征，有嘉②折首③，获匪其丑④，无咎。

▲《象》曰：王用出征，以正邦也。

【注释】①离王公：附丽于王公。②有嘉：可喜。③折首：砍掉为首的。④获匪其丑：捕获不亲己的异类。

明两作离图 明·《程氏墨苑》

下 经

卜稽如台图 清·《钦定书经图说》

该图描绘的是殷代盘庚时以蓍龟占卜的情景。图中的一个人物从简中抽出若干根蓍草，正准备清点；另一个人物拿着荆焞，正要灼龟甲。

王羽先生卦式图　明·《断易天机》

与经典同行　与圣人为伍

咸卦① 第三十一

艮下 兑上

【注释】①《咸》卦：象征交感。咸，在本卦中讲成感。

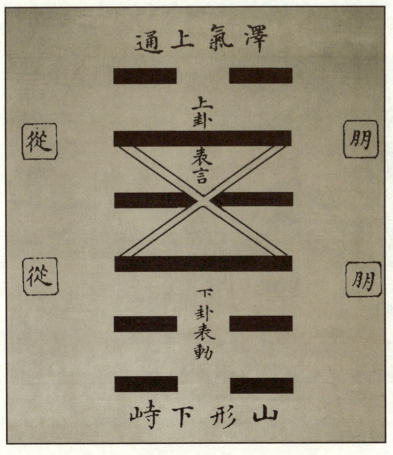

咸朋从图　元·《大易象数钩深图》

● 咸：亨，利贞，取(娶)女吉。

★《彖》曰：咸，感也。柔上而刚下①，二气感应以相与，止而说(悦)②，男下女③，是以亨，利贞，取(娶)女吉也。天地感而万物化生，圣人感人心而天下和平；观其所

【注释】①柔上而刚下：上兑为泽，下艮为山，故言。②止而说：上艮为止，下兑为悦，联系起来便是止而悦。说，通"悦"。③男下女：男在女的下面。在卦形上，艮为少男，兑为少女。

泽山咸　明·《断易天机》

此卦汉王昭君卜得之，后知和番不回也。
解曰：空中有一拳，乃空中有人提挈也。钱宝一堆，乃主空中得才宝也。贵人在山顶，乃出身高也。女人上山，乃夫妻俱显也。合子，和合也。

感,而天地万物之情可见矣!

▲《象》曰:山上有泽,咸;君子以虚受人。

◎初六:咸其拇。

▲《象》曰:咸其拇,志在外也。

◎六二:咸其腓①,凶;居吉。

▲《象》曰:虽凶居吉,顺不害也。

◎九三:咸其股,执其随②,往吝③。

▲《象》曰:咸其股,亦不处④也。志在随人,所执下也。

◎九四:贞吉,悔亡⑤;憧憧⑥往来,朋从尔思。

▲《象》曰:贞吉悔亡,未感害也。

【注释】①腓:小腿。②随:随从,盲从。③往吝:知过不改。④不处:动。⑤悔亡:悔恨消失。⑥憧憧:心犹豫而往来不定。

憧憧往来，未光大也。

◎ 九五：咸其脢①，无悔。

▲《象》曰：咸其脢，志末也。

◎ 上六：咸其辅颊舌。

▲《象》曰：咸其辅颊舌②，滕③口说也。

【注释】①脢：背脊。②辅颊舌：指口头。③滕：滔滔不绝。

文序先后一原图　明·《来注易经图解》

与经典同行　与圣人为伍

恒卦^①第三十二

巽下　震上

【注释】①《恒》卦：象征恒久之道。

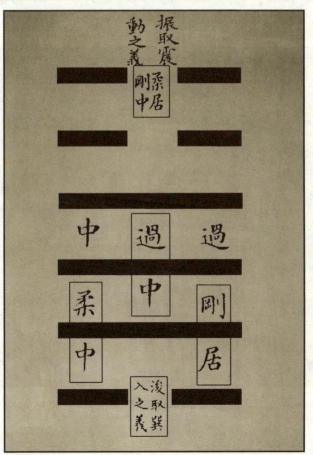

恒久之图　元·《大易象数钩深图》

●恒：亨，无咎，利贞，利有攸往。

★《彖》曰：恒，久也。刚上而柔下，雷风相与，巽而动，刚柔皆应①，恒。恒，亨无咎，利贞，久于其道也。天地之道，恒久而不已也。利有攸往，终则有始也。日月得天

【注释】①刚柔皆应：指本卦上、下初六对九四、九二对六五、九三对上六，皆阴阳正应。

雷风恒　明·《断易天机》

此卦宋玉夺韩朋妻卜得之。

解曰：日有云中，太阳正照也。凤衔书，诏书也。官人行路，遇贵人也。道士手指门，身入天门也。鼠下两口，主子月日时官人可立侍也。

而能久照,四时变化而能久成,圣人久于其道而天下化成。观其所恒,而天地万物之情可见矣!

▲《象》曰:雷风,恒;君子以立不易方。

◎初六:浚恒①,贞凶,无攸利。

▲《象》曰:浚恒之凶,始求深也。

◎九二:悔亡。

▲《象》曰:九二悔亡,能久中也。

◎九三:不恒其德,或承之羞②,贞吝。

▲《象》曰:不恒其德,无所容也。

◎九四:田③无禽。

▲《象》曰:久非其位④,安得禽也?

【注释】①浚恒:深求恒久之道。浚,挖深。②或承之羞:有时会蒙受耻辱。③田:打猎。④非其位:指九四以阳爻居于阴位。

恒卦第三十二

◎ 六五：恒其德，贞。妇人吉，夫子凶。

▲《象》曰：妇人贞吉，从一而终也。夫子制义，从妇凶也。

◎ 上六：振恒①，凶。

▲《象》曰：振恒在上，大无功也。

【注释】①振恒：动摇恒常之道。振，动。

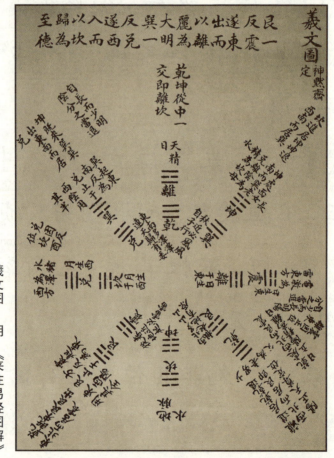

羲文图　明·《来注易经图解》

与经典同行　与圣人为伍

遁卦① 第三十三

☶ 艮下 乾上

【注释】①《遁》卦：象征退避、隐让。

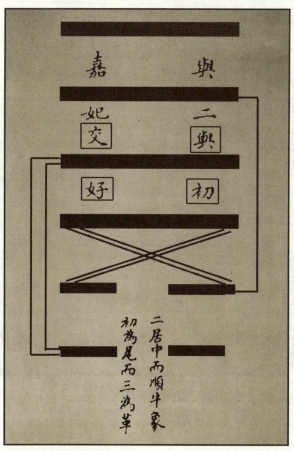

遁象之图　元·《大易象数钩深图》

遁卦第三十三

● 遁：亨，小利贞。

★《彖》曰：遁亨，遁而亨也。刚当位而应①，与时行②也。小利贞，浸③而长也。遁之时义大矣哉！

▲《象》曰：天下有山，遁；君子以远小人，不恶而严。

◎ 初六：遁尾④，厉，勿用有攸往。

【注释】①刚当位而应：指主爻九五与六二阴阳正应。②与时行：根据形势而动。③浸：逐渐。④遁尾：退避落在末尾。

天山遁　明·《断易天机》

此孟尝君进白狐裘夜度函谷关卜得此卦，果脱身也。
解曰：一山，乃阻也。一水，远也。酒旗上文字，望事也。官人踏龟，人将归也。月半云中，隐也。幞头树上，挂冠。树下人独酌，自燕谓适其乐。

与经典同行　与圣人为伍

▲《象》曰：遁尾之厉，不往何灾也。

◎六二：执①之用黄牛之革，莫之胜说[脱]。

▲《象》曰：执用黄牛，固志也。

◎九三：系②遁，有疾厉；畜臣妾，吉。

▲《象》曰：系遁之厉，有疾惫也③。畜臣妾吉，不可大事也。

◎九四：好遁，君子吉，小人否。

▲《象》曰：君子好遁，小人否也。

◎九五：嘉遁，贞吉。

▲《象》曰：嘉④遁贞吉，以正志也。

◎上九：肥[飞]遁，无不利。

▲《象》曰：肥[飞]⑤遁，无不利，无所疑也。

【注释】①执：捆绑。②系：拴住。③有疾惫也：因生病而疲乏。④嘉：赞美。⑤肥：通"飞"，高飞。

遁卦第三十三

读经诵典　受益匪浅

大壮卦①第三十四

☰ qián xià zhèn shàng
乾下　震上

【注释】①《大壮》卦：象征强盛。

大壮羊藩图　元·《大易象数钩深图》

与经典同行　与圣人为伍

● 大壮：利贞。

★《彖》曰：大壮，大者壮也。刚以动①，故壮。大壮，利贞，大者正也。正大而天地之情可见矣！

▲《象》曰：雷在天上，大壮；君子以非礼弗履。

◎ 初九：壮于趾，征凶②，有孚。

▲《象》曰：壮于趾，其孚穷也。

【注释】①刚以动：刚健而奋动。下乾为刚，上震为动。②征凶：前进危险。

大壮卦第三十四

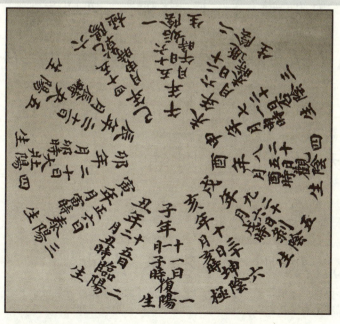

十二卦气图　明·《来注易经图解》

◎ 九二：贞吉。

▲《象》曰：九二贞吉，以中也。

◎ 九三：小人用壮①，君子用罔②，贞厉。羝羊③触藩④，羸⑤其角。

▲《象》曰：小人用壮，君子罔也。

◎ 九四：贞吉悔亡，藩决不羸，壮于大舆之輹。

▲《象》曰：藩决不羸，尚往也。

◎ 六五：丧羊于易⑥，无悔。

▲《象》曰：丧羊于易，位不当也。

◎ 上六：羝羊触藩，不能退，不能遂；无攸利，艰则吉。

▲《象》曰：不能退，不能遂，不祥也。艰则吉，咎不长也。

【注释】①用壮：滥用强力。②用罔：犹言罔用，不这么做。③羝羊：公羊。④藩：篱笆。⑤羸：本义是瘦弱，此处指损。⑥易：通"场"，田畔。

晋卦① 第三十五

☷☰ 坤下 离上

【注释】①《晋》卦：象征上进。

晋康侯之图　元·《大易象数钩深图》

● 晋：康侯①用锡②马蕃庶③，昼日三接④。

★《象》曰：晋，进也。明出地上⑤，顺而丽乎大明，柔进而上行。是以康侯用锡马蕃庶，昼日三接也。

【注释】①康侯：周武王之弟。亦作安国治乱的王侯。②锡：赐予。③蕃庶：繁衍众多。④昼日三接：一天之内三次接见。⑤明出地上：指离卦居于坤卦之上。

火地晋　明·《断易天机》

此卦昔司马进策卜得之，後果为丞相。

解曰：文字破，不负全也。官人掩面，悲也。球在泥上，事沉也。鸡衔秤，鸡早鸣有准也。枯木生花，晚开也。鹿衔书，禄命也。一堆金宝，有才有利也。

与经典同行　与圣人为伍

▲《象》曰：明出地上，晋；君子以自昭明德。

◎初六：晋如摧如①，贞吉。罔孚②，裕③无咎。

▲《象》曰：晋如摧如，独行正也。裕无咎，未受命也。

◎六二：晋如愁如④，贞吉。受兹介福⑤，于其王母。

▲《象》曰：受兹介福，以中正⑥也。

◎六三：众允⑦，悔亡。

▲《象》曰：众允之，志上尚行也。

◎九四：晋如鼫鼠⑧，贞厉。

【注释】①晋如摧如：上进而所向披靡。②罔孚：没有诚信。③裕：宽容待时。④晋如愁如：前进时忧愁。⑤介福：大福。⑥中正：指下卦主爻六二以阴爻居于阴位，既中且正。⑦允：信任。⑧鼫鼠：又叫五技鼠，有五种技能却无一精专。

晋卦第三十五

143

▲《象》曰：鼫鼠贞厉，位不当也。

◎六五：悔亡，失得勿恤①，往吉无不利。

▲《象》曰：失得勿恤，往有庆也。

◎上九：晋其角②，维用伐邑，厉吉，无咎；贞吝。

▲《象》曰：维用伐邑，道未光也。

【注释】①恤：忧虑。②晋其角：进至极高处，角指兽角尖端。

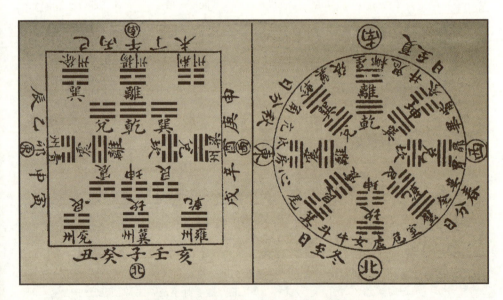

仰观天文俯察地理图　明·《来注易经图解》

与经典同行　与圣人为伍

明夷卦① 第三十六

离下　坤上

【注释】①《明夷》卦：象征光明受损。夷，伤害。

明夷箕子图　元·《大易象数钩深图》

● 明夷：利艰贞。

★《象》曰：明入地中，明夷。内文明而外柔顺①，以蒙大难，文王②以之③。利艰贞，晦其明也，内难而能正其志，箕子④以之。

▲《象》曰：明入地中，明夷；君子

【注释】①内文明而外柔顺：文明指下离，柔顺指上坤。②文王：周文王。③以之：用这种方法。④箕子：殷末贤臣，因抨击纣王被囚，从此装疯。

地火明夷　明·《断易天机》

此卦是文王囚羑里见子不至卜得之，後果子没免，困也。
解曰：妇人在井中，陷也。虎在井上，又防伤也。钱缺，乃破乃无信不可望也。人逐其鹿，乃逐其禄不去及也，占者得此最为凶兆也。

与经典同行　与圣人为伍

以莅众,用晦而明。

◎初九:明夷于飞,垂其翼。君子于行,三日不食。有攸往,主人有言。

▲《象》曰:君子于行,义不食也。

◎六二:明夷,夷于左股,用拯马壮①,吉。

▲《象》曰:六二之吉,顺以则也。

◎九三:明夷于南狩,得其大首②;不可疾,贞。

▲《象》曰:南狩之志,乃大得也。

◎六四:入于左腹,获明夷之心,于出门庭。

▲《象》曰:入于左腹,获心意也。

◎六五:箕子之明夷,利贞。

【注释】①用拯马壮:用良马拯济復壮。②首:头目。

明夷卦第三十六

147

读经诵典 受益匪浅

▲《象》曰：箕子之贞，明不可息①也。

◎上六：不明晦，初登于天，後入于地。

▲《象》曰：初登于天，照四国也。後入于地，失则也。

【注释】①息：同"熄"，熄灭。

囚奴正士图 清·《钦定书经图说》

与经典同行　与圣人为伍

家人卦① 第三十七

离下　巽上

【注释】①《家人》卦：象征治家之道。

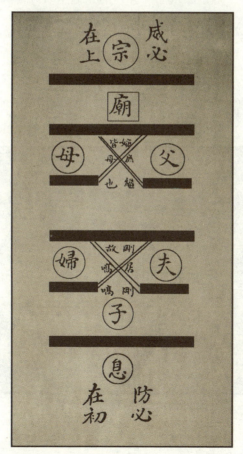

家人象图　元·《大易象数钩深图》

● 家人：利女贞。

★《彖》曰：家人，女正位乎内，男正位乎外，男女①正，天地之大义也。家人有严君焉，父母之谓也。父父，子子，兄兄，弟弟，夫夫，妇妇②，而家道正，正家而天下定矣。

▲《象》曰：风自火出，家人；君子以言有物而行有恒。

【注释】①男女：男指九五，女指六二，此两爻分处上、下卦之中，分主外、内。②父父，子子，兄兄，弟弟，夫夫，妇妇：前面那个字均用作动词。即以父为父，以子为子，等等。

风火家人　明·《断易天机》

此卦董永丧父卖身卜之，後感得仙女为妻。
解曰：一人张弓，遇贵人主张。一带在水边，事迟滞也。云中文书，恩命也。贵人拜受，拜命也。妇人携手，必因妇人而得贵也，是利求婚之兆。

◎ 初九：闲有家，悔亡。

▲《象》曰：闲有家，志未变也。

◎ 六二：无攸遂①，在中馈②，贞吉。

▲《象》曰：六二之吉，顺以巽③也。

◎ 九三：家人嗃嗃④，悔厉吉；妇子嘻嘻⑤，终吝。

▲《象》曰：家人嗃嗃，未失也；妇子嘻嘻，失家节也。

◎ 六四：富家，大吉。

▲《象》曰：富家大吉，顺在位也。

◎ 九五：王假(格)⑥有家，勿恤，吉。

▲《象》曰：王假(格)有家，交相爱也。

◎ 上九：有孚威如⑦，终吉。

▲《象》曰：威如之吉，反身⑧之谓也。

【注释】①遂：成就。②中馈：家中的饮食事宜。③顺以巽：柔顺而谦逊。六二以阴爻在下卦居中得正，象征主妇。④嗃嗃：愁怨声。⑤嘻嘻：欢笑声。⑥假：至也。此处犹言用至诚感动。⑦威如：威严的样子。⑧反身：回过头来自我严格要求。

睽卦①第三十八

兑下 离上

【注释】①《睽》卦：象征相互背离。

睽卦象图 元·《大易象数钩深图》

与经典同行　与圣人为伍

● 睽：小事吉。

★《象》曰：睽，火动而上，泽动而下，二女①同居，其志不同行②。说[悦]而丽乎明，柔进而上行，得中而应乎刚③，是以小事吉。天地睽，而其事同也；男女睽，而其志通也；万物睽，而其事类也；睽之

【注释】①二女：八卦中，离为中女，兑为少女。②不同行：指离火向上烧，兑泽向下注，两相背离。③得中而应乎刚：指六五以柔得中，与九二正应。

火泽睽　明·《断易天机》

此卦武则天聘尚贵至精魅成卜此，除之。
解曰：人执斧在手，把权柄也。文书半破，不全也。牛鼠，子丑位见喜也。桃开，春至花开。门掩，人来归也。雁飞鸣，乃传信也。占行人有音回。

睽卦第三十八

时用大矣哉！

▲《象》曰：上火下泽，睽；君子以同而异。

◎初九：悔亡。丧马勿逐，自復。见恶人，无咎。

▲《象》曰：见恶人，以辟^避①咎也。

◎九二：遇主于巷，无咎。

▲《象》曰：遇主于巷，未失道也。

◎六三：见舆曳②，其牛掣③，其人天且劓④；无初有终。

▲《象》曰：见舆曳，位不当也。无初有终，遇刚⑤也。

◎九四：睽孤⑥，遇元夫，交孚，厉，

【注释】①辟：通"避"，躲开。②舆曳：车子被拖住。③掣：向前拉。④天且劓：受黥刑与劓形。天，在额上刺字；劓，割除鼻子。⑤遇刚：指本爻以阴柔上接九四阳刚。⑥睽孤：乖离而孤独。

154

与经典同行　与圣人为伍

无咎。

▲《象》曰：交孚无咎，志行也。

◎六五：悔亡，厥宗①噬肤②，往何咎？

▲《象》曰：厥宗噬肤，往有庆也。

◎上九：睽孤，见豕③负涂④，载鬼一车，先张之弧，后说[脱]⑤之弧；匪寇，婚媾，往遇雨则吉。

▲《象》曰：遇雨之吉，群疑亡也⑥。

【注释】①厥宗：他的同宗。②噬肤：咬住肌肤。一说食肉。③豕：猪。④负涂：身沾污泥。⑤说：通"脱"，放下。⑥群疑亡也：众人的猜疑消失了。

睽卦第三十八

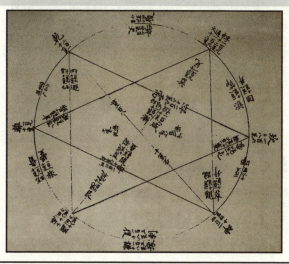

交图三十六卦策数循环图
元·《大易象数钩深图》

读经诵典　受益匪浅

蹇卦① 第三十九
jiǎn guà dì sān shí jiǔ

☵☶ 艮下 坎上
　　gèn xià　kǎn shàng

【注释】①《蹇》卦：象征前进困难。

蹇往来之图　元·《大易象数钩深图》

与经典同行　与圣人为伍

● 蹇：利西南，不利东北；利见大人，贞吉。

★《彖》曰：蹇，难也，险在前也。见险而能止①，知(智)矣哉！蹇利西南，往得中②也。不利东北，其道穷也。利见大人，往有功也。当位③贞吉，以正邦也。蹇之时

【注释】①见险而能止：上坎为险，下艮为止。②中：指九五，以阳爻居主位。③当位：指本卦二、四爻居阴位，三、五爻以阳爻居阳位。

蹇卦第三十九

水山蹇　明·《断易天机》

此卦钟离末将收楚卜得之，乃知身不王矣。

解曰：日当天，乃光明之象。旗一面上有使字，乃使旗也。鼓五面者，乃是更鼓也。中有一鹿者，乃兴旺之禄也。堆子千里字，远大也。

157

用大矣哉！

▲《象》曰：山上有水，蹇；君子以反身修德。

◎初六：往蹇来誉。

▲《象》曰：往蹇来誉，宜待也。

◎六二：王臣蹇蹇①，匪躬②之故。

▲《象》曰：王臣蹇蹇，终无尤③也。

◎九三：往蹇，来反(返)④。

▲《象》曰：往蹇来反(返)，内喜之也。

◎六四：往蹇，来连⑤。

▲《象》曰：往蹇来连，当位实⑥也。

【注释】①蹇蹇：努力拯济时艰。②匪躬：不是为了自己。③尤：过错。④反：通"返"。⑤连：连接，这里指联络力量拯济时艰。⑥实：实际情况。

◎ 九五：大蹇，朋来。

▲《象》曰：大蹇朋来，以中节也①。

◎ 上六：往蹇，来硕②，吉。利见大人。

▲《象》曰：往蹇来硕，志在内也。利见大人，以从贵也。

【注释】①以中节也：因为有中正的气节。②来硕：归来建大功。

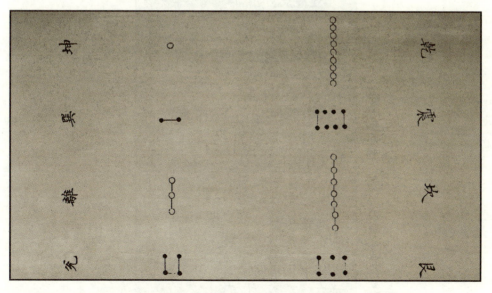

河图用九各拱太极之图　元·《大易象数钩深图》

读经诵典　受益匪浅

解卦① 第四十

坎下震上

【注释】①《解》卦：象征解脱。

易经

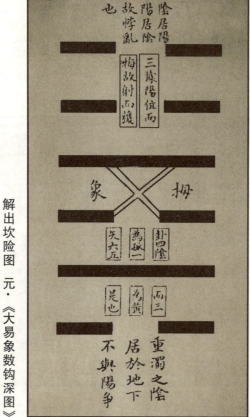

解出坎险图　元·《大易象数钩深图》

与经典同行　与圣人为伍

● 解：利西南,无所往,其来復吉。有攸往,夙①吉。

★《彖》曰：解,险以动②,动而免乎险,解。解利西南,往得众也。其来復吉,乃得中也。有攸往夙吉,往有功也。天地解而雷雨作,

【注释】①夙：早。②险以动：下坎为险,上震为动。

解卦第四十

雷水解　明·《断易天机》

此卦项羽受困垓下卜得之,後果士卒溃散也。
解曰：旗上提字,乃奏功也。一刀摔地,演武也。一兔走,无疑也。贵人云中,步云梯,一鸡在边鸣,声闻远也。道士手指门,身入天门也。道人献书,因上表章得功勋之兆。

161

雷雨作而百果草木皆甲坼①。解之时大矣哉!

▲《象》曰:雷雨作,解;君子以赦过宥罪②。

◎初六:无咎。

▲《象》曰:刚柔之际,义无咎也。

◎九二:田③获三狐,得黄矢④,贞吉。

▲《象》曰:九二贞吉,得中道也。

◎六三:负且乘⑤,致寇至,贞吝。

▲《象》曰:负且乘,亦可丑也。自我致戎,又谁咎也?

◎九四:解而拇⑥,朋至斯孚。

【注释】①甲坼:果壳裂开。②赦过宥罪:赦免过失,宽恕罪过。③田:打猎。④黄矢:铜箭头。⑤负且乘:背着东西坐车。⑥解而拇:解脱你的大脚趾头。

▲《象》曰：解而拇，未当位也。

◎六五：君子维有解，吉；有孚于小人。

▲《象》曰：君子有解，小人退也。

◎上六：公用射隼①，于高墉②之上，获之，无不利。

▲《象》曰：公用射隼，以解悖③也。

【注释】①隼：一种猛禽。②墉：城墙。③解悖：消除祸患。悖，逆。

君子解小人退图　明·《程氏墨苑》

损卦① 第四十一

☱☶ 兑下 艮上

【注释】①《损》卦：象征减省。

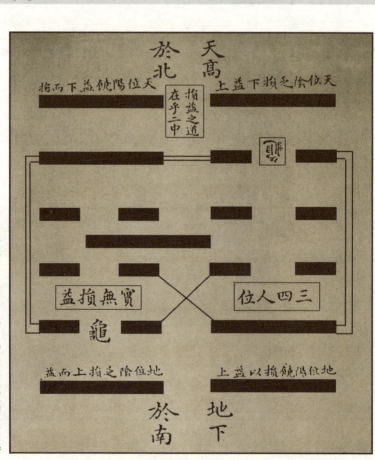

损益用中图 元·《大易象数钩深图》

与经典同行　与圣人为伍

● 损：有孚，元吉，无咎，可贞，利有攸往。曷之用①？二簋②可用享。

★《象》曰：损，损下益上，其道上行。损而有孚，元吉，无咎，可贞，利有攸往。曷之用？二簋可用享。二簋应有时，损刚益柔有时。损

【注释】①曷之用：用什么。曷，同"何"。②簋：食具。

山泽损　明·《断易天机》

此卦薛仁贵将收燕卜得之，大破燕军也。

解曰：二人对酌，欢饮也。酒瓶倒案上，无空无指望也。球在地上，所求未得上手也。文书二策有再告二字，王再求方吉事宜重祀也。

损卦第四十一

165

益盈虚，与时偕行。

▲《象》曰：山下有泽，损；君子以惩忿窒欲①。

◎初九：已祀事②遄往③，无咎，酌损之。

▲《象》曰：已祀事遄往，尚合志也。

◎九二：利贞，征凶，弗损益之。

▲《象》曰：九二利贞，中以为志也。

◎六三：三人行，则损一人；一人行，则得其友。

▲《象》曰：一人行，三则疑也。

◎六四：损其疾，使遄有喜④，无咎。

▲《象》曰：损其疾，亦可喜也。

【注释】①惩忿窒欲：制止怒气，抑塞欲望。②已事：即祀事，祭祀之事。③遄往：迅速赶去。④有喜：有快乐。

与经典同行　与圣人为伍

◎ 六五：或益之十朋①之龟，弗克违，元吉。

▲《象》曰：六五元吉，自上祐也。

◎ 上九：弗损益之，无咎，贞吉。利有攸往，得臣无家。

▲《象》曰：弗损益之，大得志也。

【注释】①朋：古代的货币单位，两串贝壳为一朋。

损卦第四十一

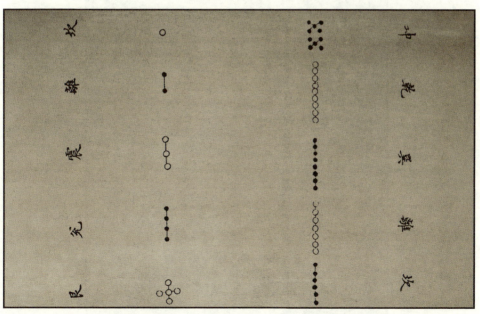

洛书用十各拱太极之图　元·《大易象数钩深图》

益卦①第四十二

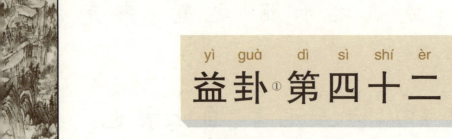

震下 巽上

【注释】①《益》卦：象征增益。

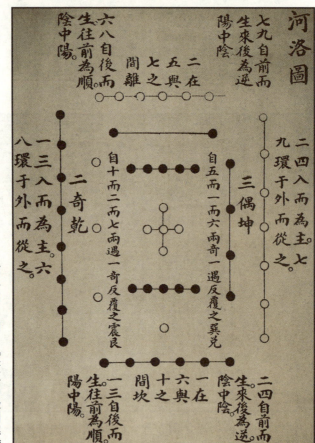

河洛图　明·《来注易经图解》

● 益：利有攸往，利涉大川。

★《彖》曰：益，损上益下，民说[悦]无疆。自上下下，其道大光。利有攸往，中正有庆①。利涉大川，木道②乃行。益动而巽，日进无疆。天施地生，其益无方。凡益之道，与时偕行。

【注释】①中正有庆：指六二、九五两爻分居于上下卦的中间，且阴爻居阴位，阳爻居阳位，彼此阴阳正应。②木道：指上巽的作用。巽可以是风，也可以是木。

益卦第四十二

风雷益　明·《断易天机》

此卦冉伯牛有疾卜得之，乃知谩师之过也。
解曰：官人抱合子，乃与贵道合。一人推车，乃营运及时。一鹿一钱，乃才禄俱旺相，占者得之，上官谒贵、望喜求才，事事亦皆有利益，凡占者利益中之兆者也。

▲《象》曰：风雷，益；君子以见善则迁，有过则改。

◎初九：利用为大作，元吉，无咎。

▲《象》曰：元吉，无咎，下不厚事①也。

◎六二：或益之十朋之龟，弗克违，永贞吉。王用享于帝②，吉。

▲《象》曰：或益之，自外来也。

◎六三：益之用凶事，无咎。有孚中行，告公用圭③。

▲《象》曰：益用凶事，固有之也。

◎六四：中行，告公从；利用为依迁国④。

▲《象》曰：告公从，以益志也。

【注释】①厚事：担负重要的职任。②帝：天帝。③告公用圭：执圭晋见王公表示诚信。告，晋见；圭，玉器。执圭示信。④迁国：迁都。商、周都曾多次迁都，这在当时是最大的益民。

◎九五：有孚惠心，勿问元吉。有孚惠我德。

▲《象》曰：有孚惠心，勿问之矣。惠我德，大得志也。

◎上九：莫益之①，或击之；立心勿恒，凶。

▲《象》曰：莫益之，偏辞②也；或击之，自外来也。

【注释】①莫益之：无人帮助他。②偏辞：偏激之辞。

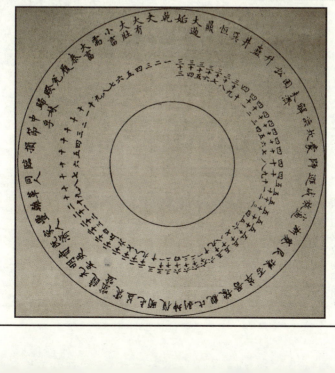

六十四卦各拱太极之图　元·《大易象数钩深图》

夬卦① 第四十三

乾下 兑上

【注释】①《夬》卦：象征决断。

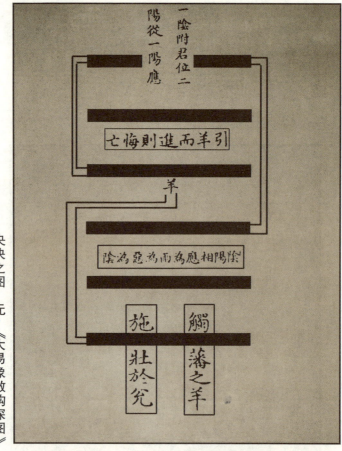

夬决之图 元·《大易象数钩深图》

与经典同行　与圣人为伍

● 夬：扬①于王庭，孚号②，有厉；告自邑，不利即戎③。利有攸往。

★《象》曰：夬，决也，刚决柔也。健而说[悦]④，决而和。扬于王庭，柔乘五刚也⑤。孚号有厉，其危乃光⑥也。告自邑，不利即戎，所尚乃

【注释】①扬：宣扬。②孚号：用诚号召。③即戎：立刻征伐。④健而说：健是下乾的属性，悦是上兑的属性。⑤柔乘五刚：指本卦五个阳爻，一个阴爻。⑥光：大。

夬卦第四十三

泽天夬　明·《断易天机》

此卦汉高祖欲拜韩信为将卜得之，知有王佐才也。
解曰：二人同行，前水後火，虎蛇当道，乃主出行多惊恐也。一人斩蛇，乃勇士也，得勇士同行。竿上有文字，竿下有钱，历尽艰难可望吉利也。

穷①也。利有攸往,刚长乃终也。

▲《象》曰:泽上于天,夬;君子以施禄及下,居德则忌。

◎初九:壮于前趾,往不胜,为咎。

▲《象》曰:不胜而往,咎也。

◎九二:惕号②,莫暮③夜有戎,勿恤。

▲《象》曰:有戎勿恤,得中道④也。

◎九三:壮于頄⑤,有凶。君子夬夬⑥独行,遇雨若濡⑦,有愠⑧,无咎。

▲《象》曰:君子夬夬,终无咎也。

◎九四:臀无肤,其行次趑且趄⑨。牵羊悔亡,闻言不信。

▲《象》曰:其行次趑且趄,位

【注释】①穷:尽。②惕号:警惕呼号。③莫:同"暮"。④得中道:指居中不偏。⑤頄:颧骨。⑥夬夬:决断貌。⑦濡:淋湿。⑧愠:不悦。⑨次且:即趑趄,行走困难。

不当^①也。闻言不信,聪不明也。

◎九五:苋陆^②夬夬,中行无咎。

▲《象》曰:中行无咎,中未光也。

◎上六:无号^③,终有凶。

▲《象》曰:无号之凶,终不可长也。

【注释】①位不当:指九四以阳爻居于阴位。②苋陆:一种野菜。③号:大声哭。

夬卦第四十三

读《易》有感图　明·《孔子圣迹图》

姤卦① 第四十四

☴ 巽下 乾上

【注释】①《姤》卦：象征柔刚之遇。

姤遇之图　元·《大易象数钩深图》

与经典同行　与圣人为伍

● 姤：女壮，勿用取娶女。

★《彖》曰：姤，遇也，柔遇刚①也。勿用取娶女，不可与长也。天地相遇，品物②咸章③也。刚遇中正，天下大行也。姤之时义大矣哉！

【注释】①柔遇刚：本卦卦形为一阴爻上叠五阳爻，故有此说。②品物：各类事物。③咸章：全部繁荣。章，同"彰"。

姤卦第四十四

天风姤　明·《断易天机》

此卦汉吕后疑立吕氏谋汉社稷卜得之，果不利。

解曰：官人射鹿，禄有指射也。文书有喜字，文书喜也。二人执索，相牵连也。绿衣人指路，得贵人相牵引也。占者得之初主坎坷，後遇贵人吉。

177

▲《象》曰：天下有风，姤；后①以施命诰四方。

◎初六：系于金柅②，贞吉。有攸往，见凶，羸豕③孚浮④踟躅⑤。

▲《象》曰：系于金柅，柔道牵也。

◎九二：包庖⑥有鱼，无咎，不利宾。

▲《象》曰：包庖有鱼，义不及宾也。

◎九三：臀无肤，其行次趑且趄，厉，无大咎。

▲《象》曰：其行次趑且趄，行未牵也。

◎九四：包庖无鱼，起凶。

【注释】①后：君王。②金柅：金属制动器。③羸豕：瘦弱的猪。一谓母猪。④孚：通"浮"，表现出。⑤踟躅：同"踟躅"。⑥包：通"庖"，厨房。

与经典同行　与圣人为伍

▲《象》曰：无鱼之凶，远民也。

◎九五：以杞包瓜①，含章②，有陨自天。

▲《象》曰：九五含章，中正也。有陨自天，志不舍命也。

◎上九：姤遘③其角，吝，无咎。

▲《象》曰：姤其角，上穷吝也。

【注释】①以杞包瓜：用杞树的枝叶把瓜遮掩起来。②含章：含藏美好。③姤：通"遘"，遇到。

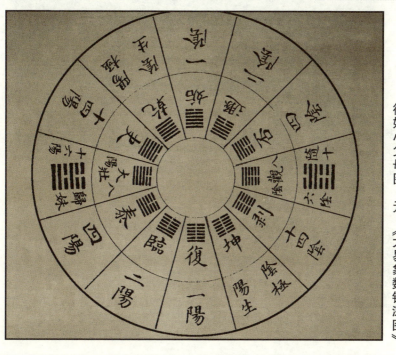

復姤小父母图　元·《大易象数钩深图》

姤卦第四十四

读经诵典　受益匪浅

萃卦① 第四十五

☱☷ 坤下 兑上

【注释】①《萃》卦：象征聚集。

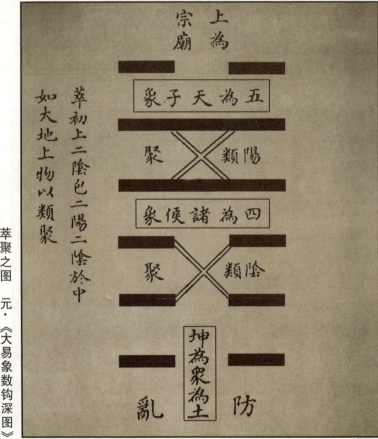

萃聚之图　元·《大易象数钩深图》

● 萃：亨。王假(格)有庙，利见大人；亨，利贞。用大牲吉，利有攸往。

★《彖》曰：萃，聚也。顺以说(悦)①，刚中而应②，故聚也。王假(格)有庙，致③孝享也。利见大人，亨，聚以正也。用大牲吉，利有攸往，顺天

【注释】①顺以说：顺而悦。顺是坤的属性，悦是兑的属性。②刚中而应：指九五居中得正，且与六二阴阳互应。③致：表达。

地泽萃　明·《断易天机》

此卦韩信被吕后疑忌卜得之，果被其戮也。
解曰：贵人磨玉，去瑕疵也。一僧指小儿山路，谓当作福保小儿也。一人救火，除殃也。鱼在火上，幸免伤也。一凤衔书，乃诏书至有喜也。

命也。观其所聚，而天地万物之情可见矣。

▲《象》曰：泽上于地，萃；君子以除①戎器，戒不虞②。

◎初六：有孚不终，乃③乱乃萃④。若号，一握为笑，勿恤⑤，往无咎。

▲《象》曰：乃乱乃萃，其志乱也。

◎六二：引吉，无咎，孚乃利用禴⑥。

▲《象》曰：引吉无咎，中未变也。

◎六三：萃如嗟如，无攸利。往无咎，小吝。

▲《象》曰：往无咎，上巽⑦也。

◎九四：大吉无咎。

【注释】①除：此处意为修治。②不虞：意外事件。虞，料想。③乃：于是。④萃：积聚。⑤勿恤：不用忧虑。⑥禴：薄祭。⑦上巽：服从于上。巽，逊驯。

▲《象》曰：大吉无咎，位不当也。

◎九五：萃有位，无咎。匪孚①，元永贞，悔亡。

▲《象》曰：萃有位，志未光也。

◎上六：赍咨②涕洟③，无咎。

▲《象》曰：赍咨涕洟，未安上也。

【注释】①匪孚：不信任。②赍咨：叹气声。③涕洟：哭泣。涕，眼泪。洟，鼻涕。

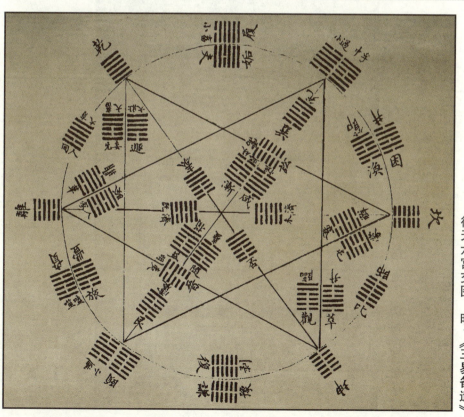

後天六宫交图 明·《三易备遗》

萃卦第四十五

升卦① 第四十六

巽下 坤上

【注释】①《升》卦：象征顺势向上升。

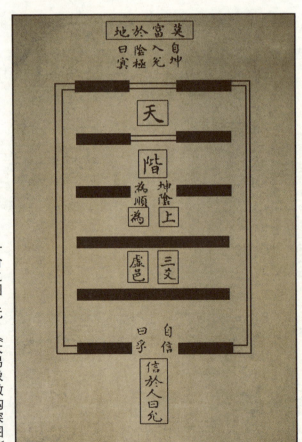

升阶之图 元·《大易象数钩深图》

与经典同行　与圣人为伍

● 升：元亨，用见①大人，勿恤；南征吉。

★《彖》曰：柔以时升，巽而顺②，刚中而应③，是以大亨。用见大人，勿恤，有庆也。南征吉，志行也。

▲《象》曰：地中生木，升；君子以顺德④，积小以高大⑤。

【注释】①用见：同利见。②巽而顺：谦逊而顺从。③刚中而应：指九二居中，且与六五阴阳互应。④顺德：顺乎德。⑤以高大：一作"以成高大"。

升卦第四十六

地风升　明·《断易天机》

此卦房玄龄去蓬莱采药未回卜得之，知主不在也。
解曰：云中雨点下，恩泽沛也。木匠下墨解木，须凭雕刻方成器也。一人磨镜，乃有渐渐分明之象。一架子有镜，乃无瑕疵无垢秽也。

◎初六：允升①，大吉。

▲《象》曰：允升大吉，上合志也。

◎九二：孚乃利用禴②，无咎。

▲《象》曰：九二之孚，有喜也。

◎九三：升虚邑③。

▲《象》曰：升虚邑，无所疑也。

◎六四：王用亨[享]④于岐山，吉无咎。

▲《象》曰：王用亨[享]于岐山，顺事也。

◎六五：贞吉，升阶⑤。

▲《象》曰：贞吉升阶，大得志也。

◎上六：冥升⑥，利于不息之贞。

▲《象》曰：冥升在上，消不富也。

【注释】①允升：肯定上升。②禴：薄祭。③虚邑：空城。④用亨：献祭。亨，同"享"，祭祀。⑤升阶：登上了一个台阶。⑥冥升：昏昧中仍上升。

与经典同行 与圣人为伍

困卦① 第四十七

☱☵ **坎下 兑上**

【注释】①《困》卦：象征困厄。

困蒛藜葛藟株木图 元·《大易象数钩深图》

● 困：亨。贞，大人吉，无咎。有言不信。

★《象》曰：困，刚掩①也。险以说(悦)②，困而不失其所亨，其唯君子乎？贞，大人吉，以刚中③也。有言不信，尚口④乃穷也。

【注释】①刚掩：阳刚被掩盖。②险以说：下坎为险，上兑为悦。说，通"悦"。③刚中：指下坎的九二和上兑的九五。④尚口：重视言辞。

泽水困　明·《断易天机》

此卦李德裕罢相时卜得之，乃知身命无气也。
解曰：一轮独在地上，乃运动未得也。一人卧病，身有难未脱也。药炉，乃治病具也。贵人倾水救旱池鱼，乃有复活之兆。池中青草，生意也。

与经典同行　与圣人为伍

▲《象》曰：泽无水，困；君子以致命遂志①。

◎初六：臀困于株木，入于幽谷②，三岁不觌③。

▲《象》曰：入于幽谷，幽不明也。

◎九二：困于酒食，朱绂④方来，利用亨[享]⑤祀；征凶，无咎。

▲《象》曰：困于酒食，中有庆也。

◎六三：困于石，据⑥于蒺藜⑦，入于其宫，不见其妻，凶。

▲《象》曰：据于蒺藜，乘刚⑧也。入于其宫，不见其妻，不祥也。

◎九四：来徐徐，困于金车，吝，有

困卦第四十七

【注释】①致命遂志：舍弃生命，实现愿望。②幽谷：幽深的山谷。③觌：见，指见天日。④朱绂：红色祭服，贵人才穿用。借喻荣禄。⑤亨：同"享"，献祭。⑥据：阻。⑦蒺藜：一种带刺的植物。⑧乘刚：指阴爻六三凌驾于阳爻九二之上。

189

终。

▲《象》曰：来徐徐，志在下也。虽不当位，有与也。

◎九五：劓刖①，困于赤绂②，乃徐有说，利用祭祀。

▲《象》曰：劓刖，志未得也。乃徐有说[脱]③，以中直也。利用祭祀，受福也。

◎上六：困于葛藟④，于臲卼⑤，曰动悔。有悔，征吉。

▲《象》曰：困于葛藟，未当也。动悔，有悔，吉行也。

【注释】①劓刖：古代的两种罚刑：割鼻与断足。②赤绂：红色祭服，诸侯专用。红而明亮为朱，红而不亮为赤。此处暗喻诸侯。③说：通"脱"，解脱。④葛藟：葛藤。⑤臲卼：不安定。

井卦① 第四十八

䷯ 巽下 坎上

【注释】①《井》卦：象征汲取之理。

井鼎水火　元·《大易象数钩深图》

● 井：改邑不改井，无丧无得，往来井井①。汔至②，亦未繘井③；羸④其瓶，凶。

★《象》曰：巽乎水⑤而上水，井；井养而不穷也。改邑不改井，乃以刚中也。汔至亦未繘井，未有

【注释】①井井：汲井水。前一个井字理解为动词。②汔至：水将至井口。③繘井：用绳子打上井水。④羸：此处理解为损坏。⑤巽乎水：顺乎水性。巽有顺从的意义。

水风井　明·《断易天机》

此卦杨贵妃私与安禄山来事卜得之，反受其害也。
解曰：金甲神执符，降瑞也。女子抱合，好合也。钱宝有光起，钱才有气也。人落井中，乃遭陷也。官人用绳引出，乃遭贵人得险难离交厄也。

与经典同行　与圣人为伍

功也。羸其瓶,是以凶也。

▲《象》曰:木上有水,井;君子以劳民劝相①。

◎初六:井泥不食,旧井无禽②。

▲《象》曰:井泥不食,下也。旧井无禽,时舍③也。

◎九二:井谷④射鲋⑤,瓮敝漏。

▲《象》曰:井谷射鲋,无与也。

◎九三:井渫⑥不食,为⑦我心恻⑧。可用汲,王明,并受其福。

▲《象》曰:井渫不食,行恻也。求王明,受福也。

◎六四:井甃⑨,无咎。

【注释】①劳民劝相:让庶民勤奋劳动、相互帮助。劝,勉励。②无禽:没有禽鸟光顾。③舍:抛弃。④井谷:井下聚水的洼地。⑤鲋:小鱼。⑥渫:淘污泥。⑦为:使。⑧恻:难过。⑨甃:用砖砌。⑩冽:清凉。

▲《象》曰：井甃⑨，无咎，修井也。

◎九五：井冽⑩，寒泉食。

▲《象》曰：寒泉之食，中正①也。

◎上六：井收勿幕②，有孚元吉。

▲《象》曰：元吉在上，大成也。

【注释】①中正：指九五居上卦之中，且以阳爻居阳位。②勿幕：不要覆盖。

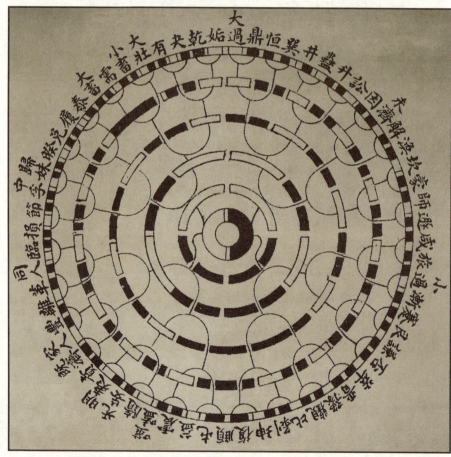

先天六十四卦圆图 明·《来注易经图解》

与经典同行 与圣人为伍

革卦① 第四十九

☱☲ 离下 兑上

【注释】①《革》卦：象征变革去故。

革卦炉备鼓铸图 元·《大易象数钩深图》

● 革：巳日①乃孚，元亨，利贞，悔亡。

★《象》曰：革，水火相息，二女同居②，其志不相得，曰革。巳日乃孚，革而信之。文明以说(悦)③，大亨以正，革而当，其悔乃亡。天地革而四时④成，汤武革命⑤，顺乎天

【注释】①巳日：古时记日的一种。②二女同居：《说卦》谓离卦为中女，兑卦为少女，故有此说。③文明以说：离为文明，兑为和悦。说，通"悦"。④四时：春、夏、秋、冬。⑤汤武革命：指商汤王讨伐夏桀和周武王讨伐商纣，二者均导致了改朝换代。

泽火革　明·《断易天机》

此卦彭越战项王绝粮时卜得之，遂承恩改革也。
解曰：一人把柿全，一人把柿不全，全者事新，不全者故。一兔虎，寅卯日见也。官人推车，车上一印，运转求新有印信也。大路，四通八达之象也。

而应乎人。革之时①大矣哉!

▲《象》曰:泽中有火,革;君子以治历明时。

◎初九:巩②用黄牛之革。

▲《象》曰:巩用黄牛,不可以有为也。

◎六二:巳日乃革之,征吉,无咎。

▲《象》曰:巳日革之,行有嘉也。

◎九三:征凶,贞厉。革言③三就④,有孚。

▲《象》曰:革言三就,又何之矣。

◎九四:悔亡,有孚,改命,吉。

▲《象》曰:改命之吉,信伸志⑤也。

【注释】①时:一说"时"字後当有"义"字。②巩:束物。③革言:革新的设想。④三就:多番俯就众论。⑤信志:实现抱负。信,通"伸"。

◎九五：大人虎变①，未占有孚。

▲《象》曰：大人虎变，其文炳也。

◎上六：君子豹变②，小人革面③；征凶，居贞吉。

▲《象》曰：君子豹变，其文蔚也。小人革面，顺以从君也。

【注释】①虎变：喻革新如老虎毛色的变化，斑斓醒目。②豹变：与虎变义同。③革面：改变面貌。一作改变倾向。

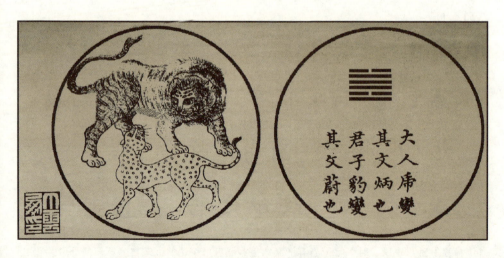

大人虎变图　明·《程氏墨苑》

与经典同行　与圣人为伍

鼎卦① 第五十

☲☴ 巽下 离上

【注释】①《鼎》卦：象征取新。

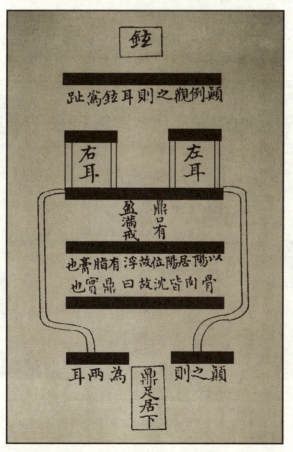

二用之图　元·《大易象数钩深图》

● 鼎：元吉，亨。

★《彖》曰：鼎，象也。以木巽火①，亨烹饪②也。圣人亨烹以享上帝，而大亨烹以养圣贤。巽而耳目聪明③，柔进而上行，得中而应乎刚④，是以元亨。

【注释】①以木巽火：根据《说卦》，巽为木，离为火，故说以木巽火。②亨饪：即烹饪。以下两个"亨"字均假借为"烹"。③巽而耳目聪明：巽卦的上面是离卦，离为明。④得中而应乎刚：指位于上卦之中的六五与下卦的九二阴阳正应。

火风鼎　明·《断易天机》

此卦秦君卜得，乃知得九鼎以象九州也。
解曰：云中月现，乃荷三光照临也。鹊南飞，有喜也。一子裹席帽，有子喜也。一人执刀，防暗伤也。贵人端坐无畏，福重可免灾。一鼠，主耗也。

与经典同行　与圣人为伍

▲《象》曰：木上有火，鼎；君子以正位凝命①。

◎初六：鼎颠趾②，利出否③；得妾以其子，无咎。

▲《象》曰：鼎颠趾，未悖也。利出否，以从贵也。

◎九二：鼎有实④，我仇⑤有疾，不我能即⑥，吉。

▲《象》曰：鼎有实，慎所之也。我仇有疾，终无尤⑦也。

◎九三：鼎耳革⑧，其行塞，雉膏不食；方雨，亏悔⑨，终吉。

▲《象》曰：鼎耳革，失其义也。

【注释】①凝命：专注于使命。②颠趾：鼎脚倒过来。③否：坏，指腐败的食物。④有实：装满食物。⑤仇：配偶。⑥不我能即："不能即我"的倒装。即，接近。⑦尤：过失。⑧耳革：鼎耳脱了。⑨亏悔：减少悔恨。

鼎卦第五十

◎九四：鼎折足，覆公餗①，其形渥②，凶。

▲《象》曰：覆公餗，信如何也！

◎六五：鼎黄耳金铉③，利贞。

▲《象》曰：鼎黄耳，中以为实也。

◎上九：鼎玉铉，大吉，无不利。

▲《象》曰：玉铉在上，刚柔节④也。

【注释】①餗：肉稀饭。②渥：湿濡龌龊。③铉：鼎杠。④刚柔节：刚与柔相调节。刚，指上九。柔，指六五。

鼎黄耳图　明·《程氏墨苑》

与经典同行　与圣人为伍

震卦① 第五十一

☳ 震下 震上

【注释】①《震》卦：象征雷霆震动。

震动心迹之图　元·《大易象数钩深图》

203

● 震：亨。震来虩虩①，笑言哑哑②。震惊百里，不丧匕鬯③。

★《彖》曰：震，亨。震来虩虩，恐致福也。笑言哑哑，后有则也。震惊百里，惊远而惧迩④也。出，可以守宗庙社稷，以为祭主也。

【注释】①虩虩：恐惧的样子。②哑哑：欢笑声。③不丧匕鬯：没有停止祭祀。匕，勺具；鬯，香酒。④迩：近。

震为雷　明·《断易天机》

此卦是李静天师遇龙母借宿，替龙行雨卜得，官至仆射。

解曰：人在岩上立，要防险难也。一树花开一文书，当春之月文字有气。一人推车上有文字，文字动念也。一堆钱财者，获厚利禄之兆也。

与经典同行　与圣人为伍

▲《象》曰：洊①雷，震；君子以恐惧修省。

◎初九：震来虩虩，后笑言哑哑，吉。

▲《象》曰：震来虩虩，恐②致福也。笑言哑哑，后有则也。

◎六二：震来厉，亿③丧贝④，跻于九陵，勿逐⑤，七日得。

▲《象》曰：震来厉，乘刚⑥也。

◎六三：震苏苏⑦，震行无眚⑧。

▲《象》曰：震苏苏，位不当也。

◎九四：震遂坠⑨泥。

▲《象》曰：震遂坠泥，未光也。

◎六五：震往来厉，亿无丧，有事。

【注释】①洊：重，一个接一个。②恐：恐惧。③亿：十万曰亿，犹言"大"，作副词。④贝：贝币。⑤逐：追寻。⑥乘刚：指六二在初九之上。⑦苏苏：不安的样子。⑧眚：灾祸。⑨遂：古坠字。

▲《象》曰：震往来厉，危行也。其事在中，大无丧也。

◎上六：震索索①，视矍矍②，征凶。震不于其躬③，于其邻，无咎。婚媾有言④。

▲《象》曰：震索索，中未得⑤也。虽凶无咎，畏邻戒也。

【注释】①索索：颤抖的样子。②矍矍：惊恐四顾的样子。③其躬：其自身。④言：议论。⑤中未得：指上六非居于上震的正中。

洊雷主器图　明·《程氏墨苑》

与经典同行　与圣人为伍

艮卦^①第五十二
gèn guà dì wǔ shí èr

☶ 艮下 艮上
gèn xià　gèn shàng

【注释】①《艮》卦：象征静止。艮，止住，抑止。

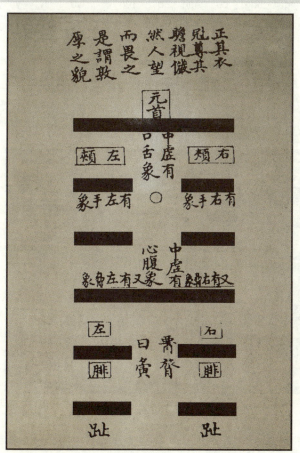

艮背象之图　元·《大易象数钩深图》

● 艮：艮其背，不获其身；行其庭，不见其人。无咎。

★《彖》曰：艮，止也。时止则止，时行则行，动静不失其时，其道光明。艮其止①，止其所也。上下敌应②，不相与③也。是以不获其身，行其庭不见其人，无咎也。

▲《象》曰：兼山④，艮；君子以思

【注释】①止：依卦辞当为背。②敌应：本卦上下卦均为阴爻对阴爻、阳爻对阳爻，《易传》以此为敌应。③与：往来亲与。④兼山：两山重叠。

艮为山　明·《断易天机》

此卦是汉高祖困荥阳时卜得之，只宜守旧也。
解曰：墩上东北字，向利方行也。猴执文书，所求文字用申未见。官吏执镜，官清如镜也。三人绳相系缚，事相干连必遇贵人得解脱也。

与经典同行　与圣人为伍

不出其位。

◎ 初六：艮其趾，无咎，利永贞。

▲《象》曰：艮其趾，未失正也。

◎ 六二：艮其腓①，不拯其随②，其心不快。

▲《象》曰：不拯其随，未退听③也。

◎ 九三：艮其限④，列⑤其夤⑥，厉薰心⑦。

▲《象》曰：艮其限，危薰心也。

◎ 六四：艮其身，无咎。

▲《象》曰：艮其身，止诸躬也。

◎ 六五：艮其辅⑧，言有序，悔亡。

▲《象》曰：艮其辅，以中正也。

◎ 上九：敦⑨艮，吉。

▲《象》曰：敦艮之吉，以厚终也。

【注释】①腓：小腿。②随：随从。③退听：退让顺从。听，从。④限：分界，指腰部。⑤列：通"裂"，这里指扭伤。⑥夤：背脊肉。⑦薰心：谓心受熏灼。常形容愁苦。⑧辅：指嘴巴。⑨敦：厚重。

艮卦第五十二

渐卦① 第五十三

艮下 巽上

【注释】①《渐》卦：象征依秩序前进，即渐进。

鸿渐南北图　元·《大易象数钩深图》

与经典同行　与圣人为伍

● 渐：女归^①吉，利贞。

★《彖》曰：渐之进也，女归吉也。进得位^②，往有功也。进以正，可以正邦也。其位刚^③，得中也。止而巽^④，动不穷也。

▲《象》曰：山上有木，渐；君子以

【注释】①归：出嫁。②得位：本卦主爻六二、九五均为阴爻居阴位，阳爻居阳位，所以说得位。③其位刚：指阳爻九五。④止而巽：静止而柔顺。静止是下艮的属性，柔顺是上巽的属性。

风山渐　明·《断易天机》

此卦齐晏子应举卜得之，後果为丞相也。
解曰：一望竿在壔高处，乃求望达也。一药炉在地，预防有患也。一官人登梯，乃步云梯也。一枝花在地上，乃下第未达之兆。

居贤德,善俗。

◎初六:鸿渐于干①,小子厉,有言,无咎。

▲《象》曰:小子之厉,义无咎也。

◎六二:鸿渐于磐,饮食衎衎②,吉。

▲《象》曰:饮食衎衎,不素饱③也。

◎九三:鸿渐于陆,夫征不復,妇孕不育,凶。利御寇。

▲《象》曰:夫征不復,离群丑也。妇孕不育,失其道也。利用御寇,顺相保也。

◎六四:鸿渐于木,或得其桷④,无咎。

▲《象》曰:或得其桷,顺以巽也。

【注释】①干:岸边。②衎衎:欢乐的样子。③素饱:白吃饭。④桷:方形的屋椽,这里指桷形的树枝。

◎ 九五：鸿渐于陵①，妇三岁不孕，终莫之胜，吉。

▲《象》曰：终莫之胜，吉，得所愿也。

◎ 上九：鸿渐于陆，其羽可用为仪，吉。

▲《象》曰：其羽可用为仪，吉，不可乱也。

【注释】①陵：山坡。

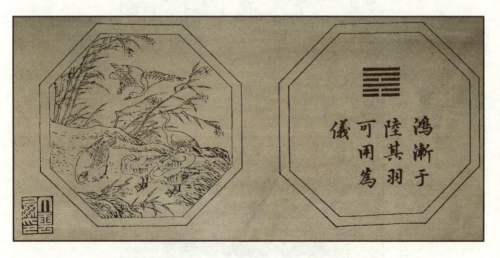

鸿渐于陆图　明·《程氏墨苑》

读经诵典　受益匪浅

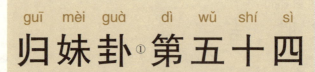

归妹卦① 第五十四

☱☳ 兑下 震上

【注释】①《归妹》卦：象征女子出嫁。归妹，嫁女。

归妹君娣之袂图 元·《大易象数钩深图》

与经典同行　与圣人为伍

● 归妹：征凶，无攸利。

★《象》曰：归妹，天地之大义也。天地不交，而万物不兴；归妹，人之终始也。说（悦）以动①，所归妹也。征凶，位不当②也。无攸利，柔乘刚③也。

【注释】①说以动：悦而动。下兑的属性为悦，上震的属性为动。②位不当：指阴爻居阳位或阳爻居阴位。③柔乘刚：指六三在九二之上、六五在九四之上。

归妹卦第五十四

雷泽归妹　明·《断易天机》

此卦舜娶尧二女卜得之，乃知卑幼不宁也。

解曰：官人骑鹿指云，志在霄汉也。小鹿子在後，禄位重重。望竿上有文字，望信得至也。人落刺中，一人援出，一人救脱难，变凶为吉也。

215

▲《象》曰：泽上有雷，归妹；君子以永终知敝①。

◎初九：归妹以娣②，跛能履，征吉。

▲《象》曰：归妹以娣，以恒也。跛能履吉，相承也。

◎九二：眇③能视，利幽人④之贞。

▲《象》曰：利幽人之贞，未变常也。

◎六三：归妹以须⑤，反归以娣。

▲《象》曰：归妹以须，未当也。

◎九四：归妹愆期⑥，迟归有时。

▲《象》曰：愆期之志，有待而行也。

【注释】①敝：通"弊"，毛病。②娣：妹妹。③眇：瞎了一只眼。④幽人：安恬之人。⑤须：假借为嬃，姐姐。⑥愆期：错过了日子。

与经典同行　与圣人为伍

◎ 六五：帝乙①归妹，其君之袂②，不如其娣之袂良，月几③望④，吉。

▲《象》曰：帝乙归妹，不如其娣之袂良也。其位在中，以贵行也。

◎ 上六：女承筐，无实⑤；士刲⑥羊，无血。无攸利。

▲《象》曰：上六无实，承虚筐也。

【注释】①帝乙：商代的一个王（商纣之父）。②袂：衣袖，此处指衣饰。③几：快到。④望：农历每月的十五日（有时延後一两日）。⑤无实：没有东西。⑥刲：割，这里指宰杀。

归妹卦第五十四

钟馗嫁妹图·杨柳青木版年画

217

丰卦① 第五十五

离下 震上

【注释】①《丰》卦：象征丰盛硕大。

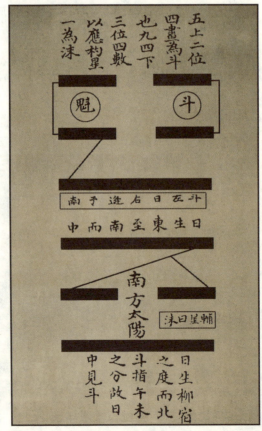

丰日见斗之图 元·《大易象数钩深图》

与经典同行　与圣人为伍

● 丰：亨，王假(格)①之；勿忧，宜日中。

★《彖》曰：丰，大也；明以动②，故丰。王假(格)之，尚大也。勿忧宜日中，宜照天下也。日中则昃③，月盈则食④，天地盈虚⑤，与时消息⑥，而况于人乎？况于鬼神乎？

【注释】①假：通"格"，达到。②明以动：下离为明，上震为动。③昃：偏西。④食：亏缺。⑤盈虚：指圆满和亏缺两种状态的转换。⑥消息：消亡与生长。

雷火丰　明·《断易天机》

此卦庄周说剑临行卜得之，果得剑也。
解曰：竹筒灰起，阳春动也。龙蛇交错者，变化之象也。官人着衣裳立，凡贵人也。一合子，意合也。人吹笙竽，乐声鸣也。脚踏虎，变在脚下也。

丰卦第五十五

▲《象》曰：雷电皆至，丰；君子以折狱致刑①。

◎初九：遇其配主②，虽旬③无咎，往有尚。

▲《象》曰：虽旬无咎，过旬灾也。

◎六二：丰其蔀④，日中见斗。往得疑疾，有孚发若⑤，吉。

▲《象》曰：有孚发若，信以发志也。

◎九三：丰其沛[斾]⑥，日中见沫[昧]⑦，折其右肱，无咎。

▲《象》曰：丰其沛[斾]，不可大事也。折其右肱，终不可用也。

◎九四：丰其蔀，日中见斗；遇其夷主⑧，吉。

【注释】①折狱致刑：审判案件，按罪判刑。②配主：相配之主。③旬：十日。④蔀：障蔽。⑤发若：发，发挥；若，语末助词。⑥沛：通"斾"，幡幕。⑦沫：通"昧"，小星星。⑧夷主：平易而可沟通的君主。

▲《象》曰：丰其蔀，位不当①也。日中见斗，幽不明也。遇其夷主，吉，行也。

◎六五：来章②，有庆誉，吉。

▲《象》曰：六五之吉，有庆也。

◎上六：丰其屋，蔀③其家，窥其户，阒④其无人；三岁不觌⑤，凶。

▲《象》曰：丰其屋，天际翔也。窥其户，阒其无人，自藏也。

【注释】①位不当：指本爻以阳爻居阴位四。②来章：招致美才。来，招徕；章，美好。③蔀：遮蔽。④阒：寂静。⑤觌：看见。

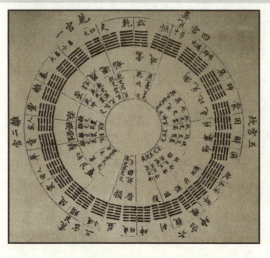

交图三十六卦分隶六宫之图

明·《三易备遗》

旅卦^①第五十六

lǚ guà dì wǔ shí liù

gèn xià lí shàng
艮下 离上

【注释】①《旅》卦：象征寄居异乡。

旅决舍图 元·《大易象数钩深图》

与经典同行　与圣人为伍

● 旅：小亨，旅贞吉。

★《彖》曰：旅，小亨；柔得中乎外而顺乎刚①，止而丽乎明②，是以小亨，旅贞吉也。旅之时义大矣哉！

▲《象》曰：山上有火，旅；君子以明慎用刑，而不留狱③。

【注释】①柔得中乎外而顺乎刚：指阴爻六五居于上卦离的中间，并顺从于阳爻上九。②止而丽乎明：下艮为止，上离为明。③留狱：拖延办案。

火山旅　明·《断易天机》

此卦陈後主得张丽华卜得之，乃知先喜後悲。

解曰：三星者，乃台星也。贵人台上垂钓牵水畔人，遇贵牵引得脱尘泥也。一猴一羊，乃未申二位得见喜庆已。大溪者，主前後远大也。

旅卦第五十六

◎ 初六：旅琐琐①，斯其所取灾②。

▲《象》曰：旅琐琐，志穷灾也。

◎ 六二：旅即次③，怀④其资，得童仆，贞。

▲《象》曰：得童仆，贞，终无尤也。

◎ 九三：旅焚其次，丧其童仆，贞厉。

▲《象》曰：旅焚其次，亦以伤矣。以旅与⑤下，其义丧也。

◎ 九四：旅于处，得其资斧，我心不快。

▲《象》曰：旅于处，未得位⑥也。得其资斧，心未快也。

◎ 六五：射雉，一矢亡，终以誉命。

【注释】①琐琐：猥琐卑贱。②取灾：自讨苦吃。③即次：到达旅途所居之地。④怀：携带。⑤与：对待。⑥未得位：指九四以阳爻居于阴位。

与经典同行　与圣人为伍

▲《象》曰：终以誉命，上逮①也。

◎上九：鸟焚其巢，旅人先笑后号咷②。丧牛于易[埸]③，凶。

▲《象》曰：以旅在上，其义焚也。丧牛于易[埸]，终莫之闻也。

【注释】①上逮：为君王所赏识。②号咷：也作嚎啕，大哭的样子。③易：通"埸"，田畔。

旅卦第五十六

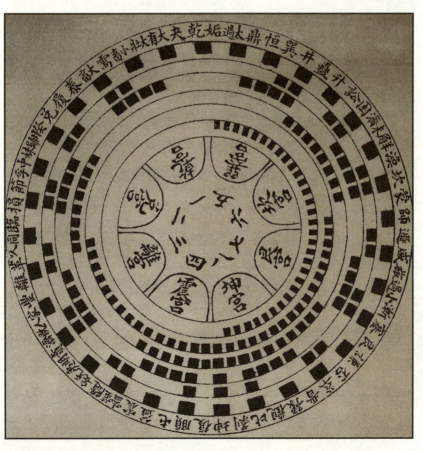

先天六十四卦方位之图　明·《来注易经图解》

巽卦① 第五十七

☴ 巽下 巽上

【注释】①《巽》卦：象征顺伏。巽字篆文像二人跪于几上。

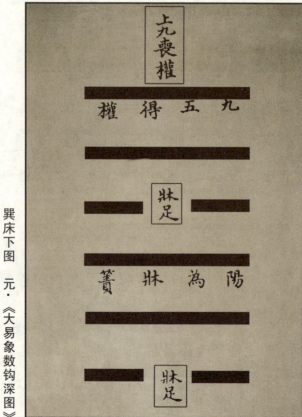

巽床下图 元·《大易象数钩深图》

与经典同行　与圣人为伍

● 巽：小亨；利有攸往，利见大人。

★《彖》曰：重巽①以申命，刚巽乎中正②而志行，柔皆顺乎刚。是以小亨，利有攸往，利见大人。

▲《象》曰：随风，巽；君子以申命行事。

【注释】①重巽：两巽相叠。②刚巽乎中正：指九五位于上卦之中，且以阳爻居阳位。

巽卦第五十七

巽为风　明·《断易天机》

此卦范蠡辞官入湖卜得之，乃知越国不久也。

解曰：贵人赐衣，一人跪受，傍贵人得衣禄也。云中雁传书，信至也。人在虎下坐，有险难也。一人射虎中箭，险中得吉也。虎走，惊散之兆。

◎初六：进退，利武人之贞。

▲《象》曰：进退，志疑①也。利武人之贞，志治②也。

◎九二：巽在床下③，用史巫④纷若⑤，吉，无咎。

▲《象》曰：纷若之吉，得中也。

◎九三：频巽⑥，吝。

▲《象》曰：频巽之吝，志穷也。

◎六四：悔亡，田⑦获三品⑧。

▲《象》曰：田获三品，有功也。

◎九五：贞吉，悔亡，无不利；无初有终⑨；先庚三日，後庚三日⑩，吉。

▲《象》曰：九五之吉，位正中⑪也。

【注释】①志疑：主意不定。②志治：主意不乱。③床下：指隐蔽的角落。④史巫：史官与巫师。⑤纷若：纷纷然。⑥频巽：皱着眉头顺从。频，通"颦"。⑦田：打猎。⑧三品：泛指猎物众多。⑨无初有终：没有好的开头却有满意的结果。⑩先庚三日，後庚三日：指庚前後的六日，加上庚，正是《复卦》卦辞所说的"七日来复"。⑪位正中：指九五以阳爻居阳位，且在上卦之中。

与经典同行　与圣人为伍

◎ 上九：巽在床下，丧其资斧，贞凶。

▲《象》曰：巽在床下，上穷也。丧其资斧，正乎凶也。

巽卦第五十七

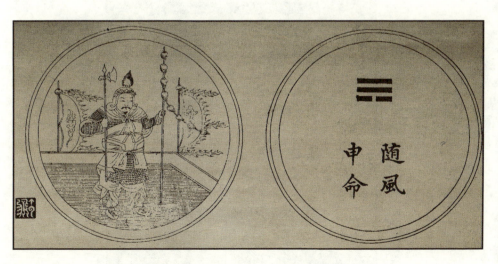

随风申命图　明·《程氏墨苑》

兑卦① 第五十八

☱ 兑下 兑上

【注释】①《兑》卦：象征怡乐。

兑象之图 元·《大易象数钩深图》

● 兑：亨，利贞。

★《彖》曰：兑，说(悦)也。刚中而柔外①，说(悦)以利贞，是以顺乎天而应乎人。说(悦)以先民②，民忘其劳；说(悦)以犯难③，民忘其死。说(悦)之大，民劝矣哉！

【注释】①刚中而柔外：指二、五两个爻位为阳爻，三、六两个爻位为阴爻。②先民：先于民，在民众之前不辞劳苦。③犯难：冒险。

兑为泽　明·《断易天机》

此卦唐三藏去西天取经卜得之，乃知必归唐国。
解曰：人坐看一担，乃劳苦得息肩也。月在天边，不团圆也。秀才登梯，乃步蟾宫之兆也。一女在合边立，主娶和合也。文字上箭，领荐也。

兑卦第五十八

▲《象》曰：丽泽①，兑；君子以朋友讲习。

◎初九：和兑，吉。

▲《象》曰：和兑之吉，行未疑也。

◎九二：孚兑②，吉，悔亡。

▲《象》曰：孚兑之吉，信志也。

◎六三：来③兑，凶。

▲《象》曰：来兑之凶，位不当④也。

◎九四：商⑤兑未宁，介疾⑥有喜。

▲《象》曰：九四之喜，有庆也。

◎九五：孚于剥⑦，有厉。

▲《象》曰：孚于剥，位正当也。

【注释】①丽泽：连接着的泽。丽，附丽。兑为泽。②孚兑：本于诚信的怡悦。③来：谋求。④位不当：指六三以阴爻居于阳位。⑤商：考虑琢磨。⑥介疾：去除疾病。介，隔绝。⑦孚于剥：诚信被损害。

◎ 上六：引兑①。

▲《象》曰：上六引兑，未光也。

【注释】①引兑：引诱和悦。

丽泽为兑图　明·《程氏墨苑》

兑卦第五十八

读经诵典 受益匪浅

涣卦① 第五十九

☵☴ 坎下 巽上

【注释】①《涣》卦：象征水流顺畅。

易经

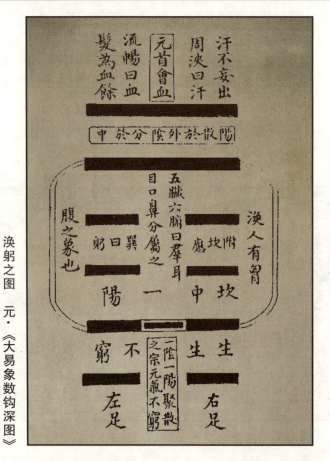

涣躬之图 元·《大易象数钩深图》

与经典同行　与圣人为伍

● 涣：亨。王假(格)有庙，利涉大川，利贞。

★《彖》曰：涣，亨。刚来①而不穷，柔得位乎外而上同②。王假(格)有庙，王乃在中也；利涉大川，乘木③有功也。

▲《象》曰：风行水上，涣；先王以

【注释】①刚来：刚指下卦的主爻九二。根据卦变说，它是由渐卦的九三下降而成的，所以说来。②柔得位乎外而上同：六四居于阴位，是柔得位；它上顺从于主爻九五，是上同。③木：指上巽。巽象征风，也象征木。

涣卦第五十九

风水涣　明·《断易天机》

此卦汉武帝卜得之，乃知李夫人还魂也。

解曰：山上有寺，乃清净境界也。一僧，空门人也。一人随后，似作清闲人也。一鬼在后，防有鬼贼暗中窥算，用谨守也。金甲人，得神人力也。

享于帝①，立庙。

◎初六：用拯②马壮，吉。

▲《象》曰：初六之吉，顺③也。

◎九二：涣奔其机④，悔亡。

▲《象》曰：涣奔其机，得愿也。

◎六三：涣其躬⑤，无悔。

▲《象》曰：涣其躬，志在外也。

◎六四：涣其群，元吉。涣有丘⑥，匪夷⑦所思。

▲《象》曰：涣其群，元吉，光大也。

◎九五：涣汗其大号⑧，涣王居⑨，无咎。

▲《象》曰：王居无咎，正位也。

◎上九：涣其血，去逖惕⑩出，无咎。

▲《象》曰：涣其血，远害也。

【注释】①帝：天帝。②用拯：借助。③顺：指初六顺从于九二。④机：马王堆帛书《周易》作阶，台阶。⑤躬：自身。⑥有丘：高丘。⑦匪夷：不是一般。⑧大号：大声呼叫。⑨王居：君王的居所，即宫廷。⑩逖：通"惕"。

与经典同行　与圣人为伍

节卦① 第六十

☱☵ 兑下 坎上

【注释】①《节》卦：象征节制。

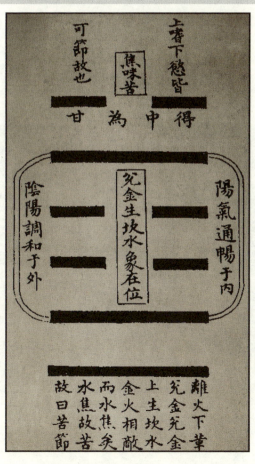

节气之图 元·《大易象数钩深图》

● 节：亨。苦节①不可贞。

★《彖》曰：节，亨，刚柔分②而刚得中③。苦节不可贞，其道穷也。说[悦]以行险④，当位以节，中正以通。天地节而四时成，节以制度，不伤财，不害民。

▲《象》曰：泽上有水，节；君子以

【注释】①苦节：过分的控制。②刚柔分：本卦上坎为刚（阳），下兑为柔（阴）。③刚得中：指上下卦的主爻九五和九二均为阳爻。④说以行险：下兑为悦，上坎为险。说，通"悦"。

水泽节　明·《断易天机》

此卦是孟姜女送寒衣卜得之，知夫落亡不吉之兆。
解曰：大雨下，沛泽也。火中鱼跃出，太阳正照。鸡屋上，晓明也。犬在井中，晚没也。屋门开者，乃朝门开可入也。

制数度，议德行。

◎初九：不出户庭，无咎。

▲《象》曰：不出户庭，知通塞①也。

◎九二：不出门庭，凶。

▲《象》曰：不出门庭，凶，失时极②也。

◎六三：不节若③，则嗟若，无咎。

▲《象》曰：不节之嗟，又谁咎也。

◎六四：安节，亨。

▲《象》曰：安节之亨，承上道④也。

◎九五：甘节⑤，吉；往有尚。

▲《象》曰：甘节之吉，居位中也。

◎上六：苦节，贞凶，悔亡。

▲《象》曰：苦节贞凶，其道穷也。

【注释】①通塞：畅顺与阻塞。②时极：适中的时机。极，中。③若：语气助词，相当于"啊"。④承上道：指六四上承九五之道。⑤甘节：和怡的节制。

节卦第六十

中孚卦① 第六十一

兑下 巽上

【注释】①《中孚》卦：象征内诚。中孚：心中有诚信。

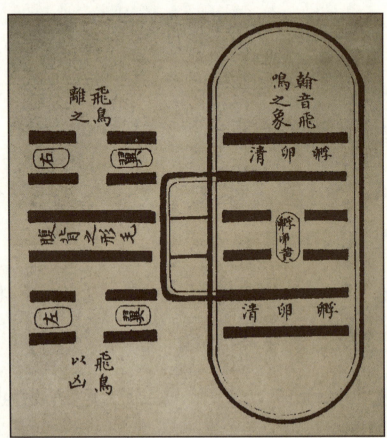

中孚小过卵翼生成图 元·《大易象数钩深图》

与经典同行　与圣人为伍

● 中孚：豚鱼吉，利涉大川，利贞。

★《象》曰：中孚，柔在内①而刚得中②。说(悦)而巽③，孚，乃化邦也。豚鱼吉，信及豚鱼也。利涉大川，乘木舟④虚也。中孚以利贞，乃应乎天也。

【注释】①柔在内：指本卦的内两爻（六三、六四）是阴爻。②刚得中：指九二居于下兑之中，九五居于上巽之中。③说而巽：和悦而谦逊，它们分别是下兑和上巽的属性。④乘木舟：巽为木，兑为泽，中孚卦的卦象如水中之舟。

风泽中孚　明·《断易天机》

此卦辛君屯边卜得之，遂果得梅妃之信也。

解曰：望子上文书，诚心可望也。人击析，当预防也。贵人用绳牵鹿，保守则禄永在手也。雁啣书，主有喜信至，占者得之，大抵宜求才望事也。

中孚卦第六十一

▲《象》曰：泽上有风，中孚；君子以议狱缓死①。

◎初九：虞吉②，有它不燕③。

▲《象》曰：初九虞吉，志未变也。

◎九二：鸣鹤在阴④，其子和之；我有好爵⑤，吾与尔靡⑥之。

▲《象》曰：其子和之，中心愿也。

◎六三：得敌⑦，或⑧鼓或罢，或泣或歌。

▲《象》曰：或鼓或罢，位不当也。

◎六四：月几望⑨，马匹亡，无咎。

▲《象》曰：马匹亡，绝类上⑩也。

【注释】①议狱缓死：审判案件宽待死囚。②虞吉：因忧虑而获吉。③燕：通"宴"，安乐。④阴：阴凉处。⑤爵：酒具，借指酒。⑥靡：分享。⑦得敌：俘获了敌人。⑧或：有的。⑨几望：月亮将满未盈，参见《归妹》。⑩绝类上：断绝与同类的联系而向上承九五。

◎ 九五：有孚挛如①，无咎。

▲《象》曰：有孚挛如，位正当也。

◎ 上九：翰音②登于天，贞凶。

▲《象》曰：翰音登于天，何可长也！

【注释】①挛如：广系天下之心。挛，系；如，语气词。②翰音：飞鸟的叫声。一说为鸡的叫声。《礼记·曲礼》：鸡曰"翰音"。

鸣鹤在阴图　明·《程氏墨苑》

读经诵典　受益匪浅

小过卦① 第六十二

艮下　震上

【注释】①《小过》卦：象征略有过越。

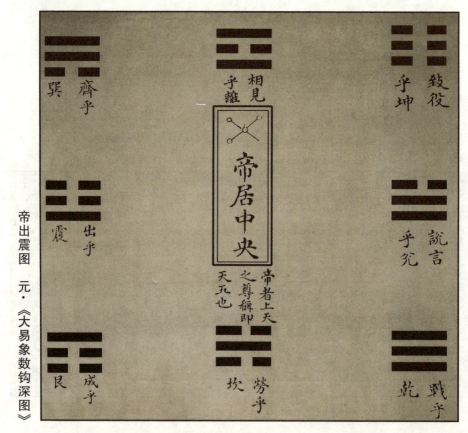

帝出震图　元·《大易象数钩深图》

与经典同行　与圣人为伍

● 小过：亨，利贞。可小事，不可大事。飞鸟①遗之音②，不宜上，宜下，大吉。

★《彖》曰：小过，小者过而亨也。过以利贞，与时行也。柔得中③，是以小事吉也。刚失位而不中④，是以不可大事也。有飞鸟之象

【注释】①飞鸟：本卦六爻，四阴分居上下，形似鸟翅，故说飞鸟。②遗之音：留下的声音。③柔得中：指六二、六五分居上下卦之中。④刚失位而不中：指九四以阳爻居于阴位，且不在主爻的位置。

小过卦第六十二

雷山小过　明·《断易天机》

此卦汉君有难卜得之，後果能脱离。
解曰：明月当空，得太明照临之力。林下一人弹冠，乃弹冠出仕也。人在网中，一人割网，得脱罪怨也。獐子在山头出，又可进程定得贵人力也。

焉。飞鸟遗之音，不宜上，宜下，大吉，上逆而下顺①也。

▲《象》曰：山上有雷②，小过；君子以行过乎恭，丧过乎哀，用过乎俭。

◎初六：飞鸟以凶。

▲《象》曰：飞鸟以凶，不可如何也。

◎六二：过其祖，遇其妣③；不及其君，遇其臣，无咎。

▲《象》曰：不及其君，臣不可过也。

◎九三：弗过防④之，从或⑤戕⑥之，凶。

▲《象》曰：从或戕之，凶如何也！

【注释】①上逆而下顺：六五在九四之上，以柔乘刚，是逆；六二在九三之下，以柔承刚，是顺。②山上有雷：下艮为山，上震为雷。③妣：祖母。④过防：过分防备。⑤从或：从而。⑥戕：杀害。

◎九四：无咎，弗过遇之。往厉必戒，勿用永贞。

▲《象》曰：弗过遇之，位不当也。往厉必戒，终不可长也。

◎六五：密云不雨，自我西郊，公①弋取②彼③在穴。

▲《象》曰：密云不雨，已上也。

◎上六：弗遇过之，飞鸟离罹④之，凶，是谓灾眚。

▲《象》曰：弗遇过之，已亢也。

【注释】①公：王公。②弋取：射得。③彼：指猎物。④离：通"罹"，指被射杀或被活捉。

清·《绘图二十四史通俗演义》钻木取火图

读经诵典　受益匪浅

既济卦① 第六十三

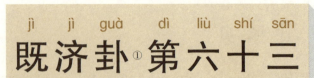

离下　坎上

【注释】①《既济》卦：象征已成功。

既济未济　元·《大易象数钩深图》

与经典同行　与圣人为伍

● 既济：亨，小利贞；初吉终乱。

★《彖》曰：既济，亨，小者亨也。利贞，刚柔正而位当①也。初吉，柔得中②也。终止则乱，其道穷也。

▲《象》曰：水在火上，既济；君子以思患而预防之。

◎ 初九：曳③其轮，濡④其尾，无咎。

【注释】①刚柔正而位当：指本卦阳爻均居于初、三、五阳位，阴爻均居于二、四、上阴位。②柔得中：指六二居于下离的中间。③曳：拖住。④濡：沾湿。

水火既济　明·《断易天机》

此卦季布在周家潜藏卜得之，遂遇高皇帝也。

解曰：人在岸上一船来，接得济也。一堆钱，大利也。云中雨下，沛泽也。二小儿在雨中行，生年少沾君之雨泽也。文书一策，书名姓字也。

▲《象》曰：曳其轮，义无咎也。

◎六二：妇丧其茀①，勿逐，七日得。

▲《象》曰：七日得，以中道也。

◎九三：高宗②伐鬼方③，三年克之；小人勿用。

▲《象》曰：三年克之，惫也。

◎六四：繻④有衣袽⑤，终日戒。

▲《象》曰：终日戒，有所疑也。

◎九五：东邻杀牛，不如西邻之禴祭⑥，实受其福。

▲《象》曰：东邻杀牛，不如西邻之时也。实受其福，吉大来也。

◎上六：濡其首，厉。

▲《象》曰：濡其首厉，何可久也！

【注释】①茀：车上帘子。②高宗：商代的君王，名武丁。③鬼方：部落名。④繻：彩色的绸衣。⑤袽：破衣败絮。⑥禴祭：薄祭。

与经典同行　与圣人为伍

未济卦① 第六十四
wèi jì guà dì liù shí sì

☲☵ 坎下 离上
　　kǎn xià　lí shàng

【注释】①《未济》卦：象征尚未成功。

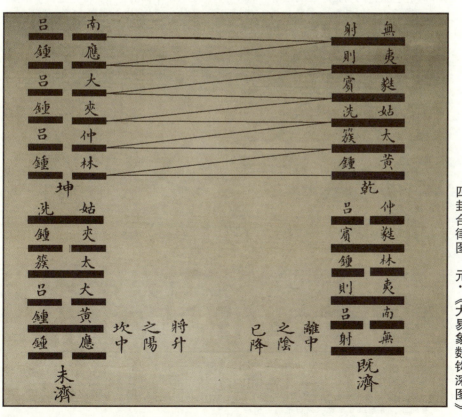

四卦合律图　元·《大易象数钩深图》

● 未济：亨。小狐汔①济，濡其尾，无攸利。

★《象》曰：未济，亨，柔得中②也。小狐汔济，未出中也。濡其尾，无攸利，不续终也。虽不当位③，刚柔应④也。

【注释】①汔：极浅的河流。②柔得中：指六五以阴爻居于上离的正中。③不当位：本卦与既济卦正好相反，阳爻均居于二、四、上阴位，阴爻均居于初、三、五阳位，所以说不当位。④刚柔应：指初六与九四、九二与六五、六三与上九均阴阳相应。

火水未济　明·《断易天机》

此卦孔子穿九曲明珠未徹卜之，乃遇二女方始穿得也。
解曰：一人提刀斧，乃有威也。一虎坐，乃无威也。一旗卓在山上，期信也。一人取旗，立信也。梯子有到字，有等级可至也，故曰未济终须济。

▲《象》曰：火在水上①，未济；君子以慎辨物居方。

◎初六：濡其尾，吝。

▲《象》曰：濡其尾，亦不知极也。

◎九二：曳其轮，贞吉。

▲《象》曰：九二贞吉，中以行正也。

◎六三：未济征凶，利涉大川。

▲《象》曰：未济征凶，位不当也。

◎九四：贞吉，悔亡；震②用伐鬼方，三年有赏于大国。

▲《象》曰：贞吉，悔亡，志行也。

◎六五：贞吉，无悔；君子之光，有

【注释】①火在水上：上离为火，下坎为水。②震：强有力。

孚，吉。

▲《象》曰：君子之光，其晖吉也。

◎上九：有孚于饮酒，无咎；濡其首，有孚失是①。

▲《象》曰：饮酒濡首，亦不知节也。

【注释】①是：代词，指"濡其首"的失误。

一中分造化方图　明·《来注易经图解》

系辞上传

建立卜筮图 清·《钦定书经图说》

秋窗读《易》图　宋·刘松年

第一章

天尊地卑，乾坤定矣。卑高以陈①，贵贱位矣。动静有常，刚柔断矣。方以类聚，物以群分，吉凶生矣。在天成象，在地成形，变化见现②矣。是故刚柔相摩，八卦相荡。鼓之以雷霆，润之以风雨，日月运行，一

【注释】①卑高以陈：尊高卑低展示在哪里。②见：同"现"。

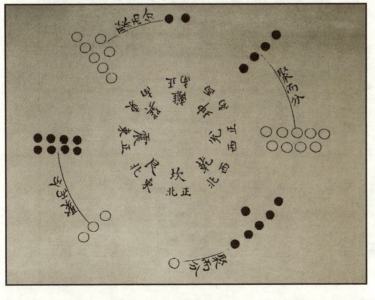

类聚群分图 元·《大易象数钩深图》

寒一暑,乾道成男,坤道成女。乾知大始,坤作成物。

乾以易知①,坤以简能。易则易知,简则易从。易知则有亲,易从则有功。有亲则可久,有功则可大。可久则贤人之德,可大则贤人之业。易简,而天下之理得矣。天下之理得,而成位乎其中矣。

【注释】①知:智慧。

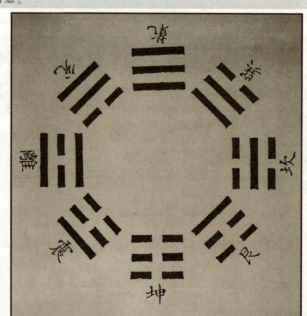

刚柔相摩图 元·《大易象数钩深图》

与经典同行　与圣人为伍

第二章

圣人设卦观象，系辞焉而明吉凶。刚柔相推而生变化，是故吉凶者，失得之象也。悔吝者，忧虞①之象也。变化者，进退之象也。刚柔者，昼夜之象也。六爻之动，三极②之道也。

是故君子所居而安者，《易》之序也；所乐而玩者，爻之辞也。是故君子居则观其象而玩其辞，动则观其变而玩其占。是故自天佑之，吉无不利。

【注释】①虞：愁虑。②三极：指天、地、人。

第三章

彖①者，言乎象者也。爻者，言乎变者也。吉凶者，言乎其失得也。悔吝者，言乎其小疵也。无咎者，善补过也。是故，列贵贱者存乎位，齐小大者存乎卦，辨吉凶者存乎辞，忧悔吝者存乎介②，震③无咎者存乎悔。是故，卦有小大，辞有险易。辞也者，各指其所之④。

【注释】①彖：在这里指卦辞。②介：纤介，细小。③震：震动，惊惧。④所之：所往。

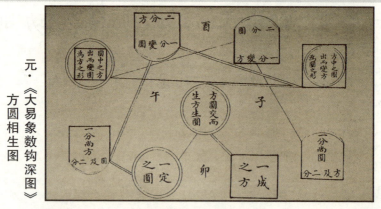

元·《大易象数钩深图》方圆相生图

与经典同行　与圣人为伍

第四章

《易》与天地准①，故能弥纶②天地之道。仰以观于天文，俯以察于地理，是故知幽明之故。原始反终③，故知死生之说。精气为物，游魂为变，是故知鬼神之情状。

【注释】①准：等同。②弥纶：统括。③原始反终：推原事物的开始去探求终结。

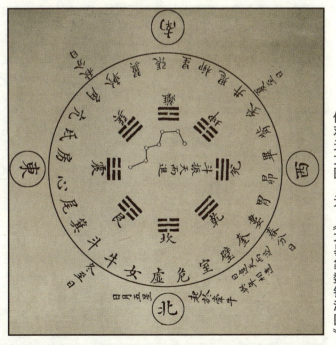

仰观天文图　元·《大易象数钩深图》

与天地相似，故不违。知①周乎万物而道济天下，故不过。旁行②而不流③，乐天知命，故不忧。安土④敦乎仁⑤，故能爱。

范围天地之化而不过，曲成⑥万物而不遗，通乎昼夜之道⑦而知，故神无方⑧而《易》无体⑨。

【注释】①知：知识。②旁行：广泛推行。③流：流溢。④安土：安处当地。⑤敦乎仁：厚于仁，即很仁厚。⑥曲成：婉转生成。⑦昼夜之道：即一阴一阳之道。⑧无方：没有一定的形态。⑨无体：没有一定的模式。

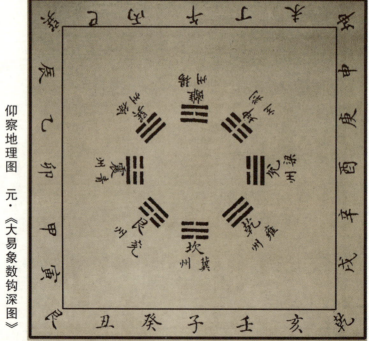

仰察地理图 元·《大易象数钩深图》

与经典同行　与圣人为伍

第五章

一阴一阳之谓道。继之者善也，成之者性也。仁者见之谓之仁，知(智)者见之谓之知(智)，百姓日用而不知，故君子之道鲜①矣！

显诸②仁，藏诸用，鼓③万物而不与圣人同忧，盛德大业，至矣哉！富有之谓大业，日新之谓盛德。生生④之谓易，成象之谓乾，效法之谓坤，极数⑤知来之谓占，通变之谓事，阴阳不测之谓神。

系辞上传

【注释】①鲜：少。②诸：之于。③鼓：鼓动，催生。④生生：变化不息。⑤极数：穷尽数理。孔颖达疏："谓穷极蓍策之数，豫知来事，占问吉凶，故云谓之占也。"

第六章

夫《易》,广矣大矣!以言乎远则不御①,以言乎迩②则静而正③,以言乎天地之间则备④矣!

夫乾,其静也专,其动也直,是以大生焉。夫坤,其静也翕⑤,其动也辟⑥,是以广生焉。广大配天地,变通配四时,阴阳之义配日月,易简之善配至德。

【注释】①不御:无止境。②迩:近。③静而正:精审而正确。④备:涵盖一切。⑤翕:闭拢。⑥辟:开张。

卦配方图 明·《来注易经图解》

第七章

子曰："《易》其至矣乎！"夫《易》，圣人所以崇德而广业也。知崇礼卑，崇效天，卑法地。天地设位，而《易》行乎其中矣。成性①存存②，道义之门。

【注释】①成性：成就美善的德性。②存存：存其所应存。

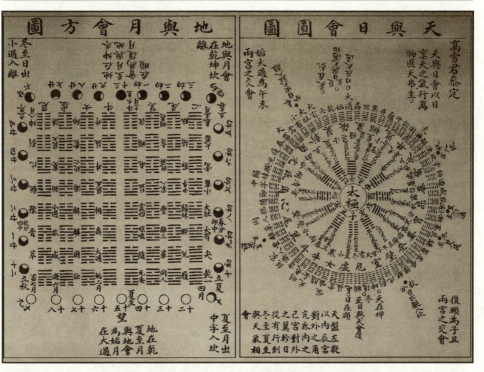

天与日会圆图　地与月会方图　明·《来注易经图解》

第八章

圣人有以见天下之赜①，而拟诸其形容，象其物宜②，是故谓之象③。圣人有以见天下之动，而观其会通④，以行其典礼⑤，系辞焉以断其吉凶，是故谓之爻。言天下之至赜，而不可恶也⑥。言天下之至动，而不可乱也⑦。拟之而後言，议之而後动，拟议以成其变化。

"鸣鹤在阴，其子⑧和之；我有好爵⑨，吾与尔靡⑩之。"子曰："君子居其室，出其言善，则千里之外应之，

【注释】①赜：杂乱，纷繁。②物宜：事物讨厌或恰当的意义。③象：卦象。④会通：融会贯通。⑤典礼：常规仪式。⑥恶：此处解为小看。⑦乱：乖违顺序。⑧子：伴侣。⑨爵：本义为酒器，此处指酒。⑩靡：分散，共享。

与经典同行　与圣人为伍

况其迩者乎？居其室，出其言不善，则千里之外违之，况其迩①者乎？言出乎身，加乎②民；行发乎迩，见[现]乎远。言行，君子之枢机③。枢机之发，荣辱之主也。言行，君子之所以动天地也，可不慎乎？"

"同人，先号咷而后笑。"子曰："君子之道，或出④或处⑤，或默或语，二人同心，其利断金；同心之言，其臭⑥如兰。"

"初六，藉⑦用白茅，无咎。"子曰："苟错[措]诸地⑧而可矣，藉之用茅，何咎之有？慎之至也。夫茅之为物薄，而用可重也。慎斯术也以往，

【注释】①迩：近。②加乎：影响到。③枢机：关键部位。④出：指从政。⑤处：指在家不仕。⑥臭：气味。一说臭音chuò，义为香气。⑦藉：衬垫。⑧苟错诸地：随便放在地上。错，通"措"。

其无所失矣。"

"劳谦①,君子有终,吉。"子曰:"劳而不伐②,有功而不德③,厚之至也。语④以其功下人者也。德言⑤盛,礼言恭。谦也者,致恭以存其位者也。"

"亢龙有悔。"子曰:"贵而无位,高而无民,贤人在下位而无辅,是以动而有悔也。"

"不出户庭,无咎。"子曰:"乱之所生也,则言语以为阶。君不密则失臣,臣不密则失身⑥,几事⑦不密则害成。是以君子慎密而不出也。"

【注释】①劳谦:勤劳而谦虚。②伐:自我夸耀。③不德:不自居其德。④语:这是说。⑤言:讲求。⑥失身:丢脑袋。⑦几事:机密的事。

与经典同行　与圣人为伍

子曰："作《易》者其知盗①乎？《易》曰：'负且乘，致寇至。'负也者，小人之事也；乘也者，君子之器也。小人而乘君子之器，盗思夺之矣！上慢下暴②，盗思伐之矣！慢藏诲盗③，冶容④诲淫。《易》曰：'负且乘，致寇至。'盗之招也。"

【注释】①知盗：了解盗贼的心理。②上慢下暴：上面轻慢，下面强横。③诲：唆使。④冶容：打扮妖冶。

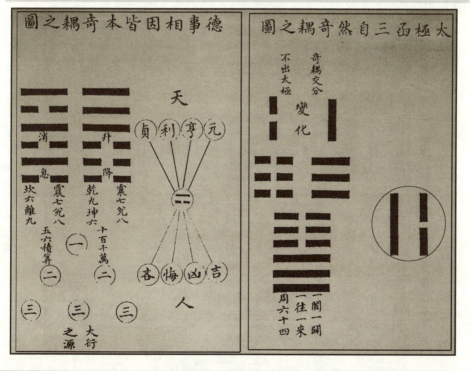

德事相因皆本奇耦之图　太极函三自然奇耦之图　元·《大易象数钩深图》

第九章

天一地二，天三地四，天五地六，天七地八，天九地十。天数五，地数五，五位相得而各有合。天数二十有又五，地数三十。凡天地之数五十有又五。此所以成变化而行鬼神也。

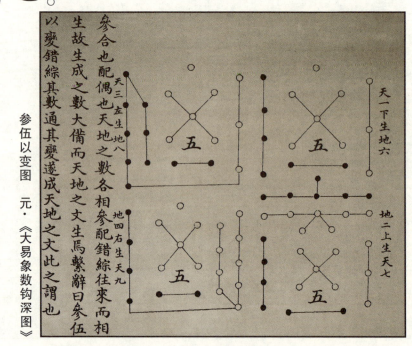

与经典同行　与圣人为伍

大衍之数五十①，其用四十有九②。分而为二以象两，挂一以象三，揲③之以四以象四时，归奇④于扐⑤以象闰，五岁再闰，故再扐而後挂。

【注释】①五十：应为五十有五（天数二十有五，地数三十）。②其用四十有九：用于演算的蓍草只有四十九根。③揲：数。④奇：奇零。⑤扐：手指之间。

系辞上传

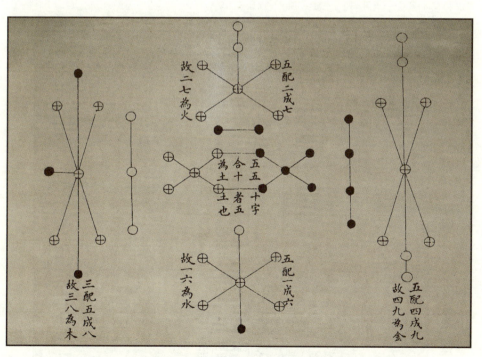

大衍之数图　元·《大易象数钩深图》

乾之策，二百一十有六。坤之策①，百四十有四。凡三百有六十，当期②之日。二篇之策，万有一千五百二十，当万物之数也。

是故四营而成易，十有八变而成卦，八卦而小成。引而伸之，触类而长之，天下之能事毕矣。

【注释】①策：一根蓍草。②期：一年。

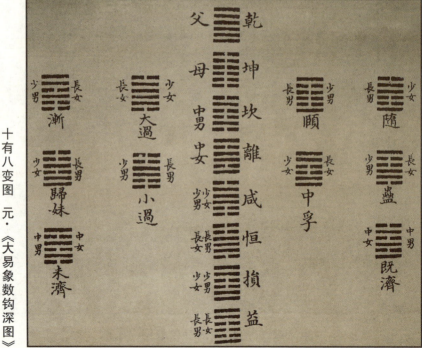

十有八变图　元·《大易象数钩深图》

显道,神德行,是故可与酬酢①,可与佑神矣。子曰:"知变化之道者,其知神之所为乎!

《易》有圣人之道四焉:以言者尚其辞,以动者尚其变,以制器者尚其象,以卜筮者尚其占。"

【注释】①酬酢:宾主对饮,引申为应对万物。

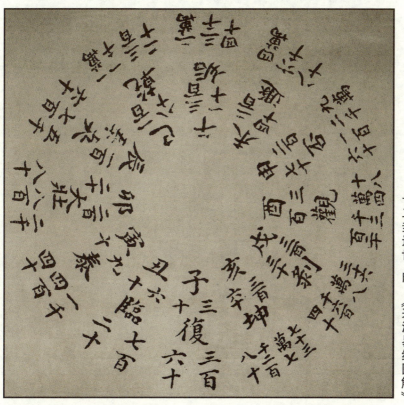

十二卦运世 明·《来注易经图解》

第十章

是以君子将有为也,将有行也,问焉而以言①,其受命也如响②,无有远近幽深,遂知来物。非天下之至精,其孰③能与于此?

【注释】①问焉而以言:用言语去提问。②如响:如响应声。③孰:谁。

日月运行一寒一暑卦气之图　元·《大易象数钩深图》

与经典同行　与圣人为伍

参伍①以变，错综②其数。通其变，遂成天地之文；极③其数，遂定天下之象。非天下之至变，其孰能与于此？

《易》无思也，无为也，寂然不动，感④而遂通天下之故。非天下之致神，其孰能与于此？

【注释】①参伍：三五无定。参，即三。伍，即五。②错综：错是爻画阴阳相反，综是卦体上下颠倒。③极：穷究。④感：感应。

古河图　明·《来注易经图解》

系辞上传

夫《易》，圣人之所以极深而研几①也。惟深也，故能通天下之志；惟几也，故能成天下之务；惟神也，故不疾而速，不行而至。子曰"《易》有圣人之道四焉"者，此之谓也。

【注释】①几：几微，微妙。

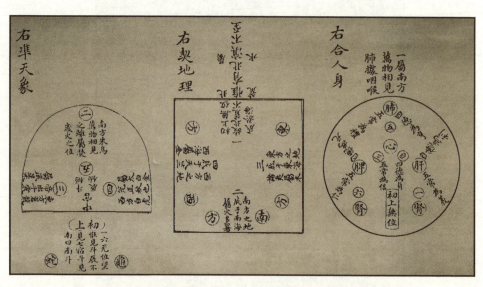

六位三极图　元·《大易象数钩深图》

与经典同行　与圣人为伍

第十一章

子曰："夫《易》，何为者也？夫《易》，开物①成务②，冒③天下之道，如斯而已者也。"是故圣人以通天下之志，以定天下之业，以断天下之疑。

是故蓍之德圆而神④，卦之德方

【注释】①开物：开发民智。②成务：成就事业。③冒：包容。④圆而神：圆通而神妙。

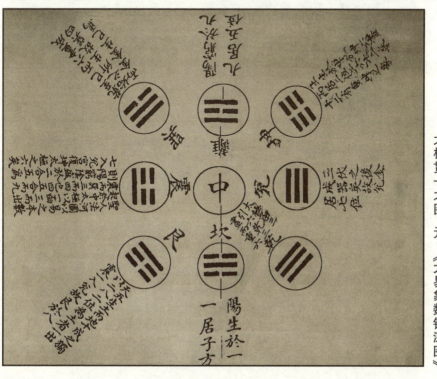

太极贯一之图　元·《大易象数钩深图》

系辞上传

以知[智]①,六爻之义易以贡②。圣人以此洗心,退藏于密,吉凶与民同患。神以知来,知[智]以藏往,其孰能与于此③哉!古之聪明睿知[智]神武而不杀④者夫!

是以明于天之道,而察于民之故,是兴神物⑤以前民用。圣人以此

【注释】①方以知:端正而通慧。知,同"智"。②贡:告诉人。③与于此:达到这样的境界。④杀:刑杀,残暴。⑤神物:占筮之物。

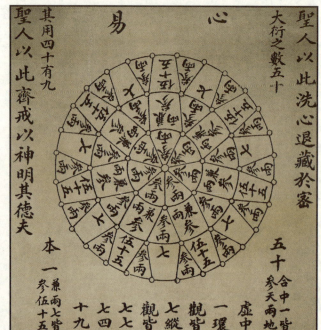

蓍之德圆而神　明·《来注易经图解》

斋戒,以神明其德夫!

是故阖①户谓之坤,辟②户谓之乾,一阖一辟谓之变;往来不穷谓之通。见现③乃谓之象,形④乃谓之器。制而用之,谓之法利用出入⑤,民咸⑥用之谓之神。

是故易有太极⑦,是生两仪⑧,两仪生四象⑨,四象生八卦,八卦定吉

【注释】①阖:关闭。②辟:开启。③见:显示。④形:成形。⑤利用出入:指或这样或那样地反复利用前面所说的"法"。⑥咸:全。⑦太极:古代哲学家指天地阴阳未分时的混沌状态。⑧两仪:乾坤。⑨四象:指太阳、太阴、少阳、少阴,为两仪自我或相互交叠而成。

心易发微伏羲太极之图
明·《来注易经图解》

系辞上传

凶，吉凶生大业。

是故法象莫大乎天地；变通莫大乎四时；县(悬)象著明莫大乎日月；崇高莫大乎富贵；备物致用，立成器以为天下利，莫大乎圣人；探赜①索隐②，钩深③致远④，以定天下之吉凶，成天下之亹亹⑤者，莫大乎蓍龟。

是故天生神物⑥，圣人则之⑦；天地变化，圣人效之；天垂象，见(现)吉凶，圣人象之；河出图，洛出书，圣人则之。易有四象⑧，所以示也；系辞⑨焉，所以告也；定之以吉凶，所以断也。

【注释】①探赜：探讨复杂事物。②索隐：索求隐秘。③钩深：钩稽深奥。④致远：达致远大。⑤亹亹：勤勉不倦。⑥神物：指蓍草和灵龟。⑦则之：以神物为则。⑧四象：即老阳、老阴、少阳、少阴。⑨系辞：在卦爻象下写几句话，不是指《系辞传》。

与经典同行　与圣人为伍

第十二章

《易》曰:"自天祐之,吉无不利。"

子曰:"祐者,助也。天之所助者,顺①也;人之所助者,信②也。履信思乎顺,又以尚贤也,是以'自天佑之,吉无不利'也。"

子曰:"书③不尽言,言不尽意④。"然则圣人之意,其不可见现乎?

子曰:"圣人立象以尽意,设卦以尽情伪⑤,系辞焉以尽其言,变而通之以尽利,鼓之舞之以尽神⑥。"

【注释】①顺:顺从天道者。②信:笃守诚信者。③书:写出的文字。④意:思想。⑤情伪:真假。⑥神:神妙。

系辞上传

乾坤，其易之缊①邪〔耶〕？乾坤成列，而易立乎其中矣。乾坤毁，则无以见易；易不可见，则乾坤或几乎息矣。

是故形而上②者谓之道，形而下③者谓之器，化④而裁⑤之谓之变，推而行之谓之通，举而错〔措〕⑥之天下之民谓之事业。

是故夫象，圣人有以见天下之赜⑦，而拟⑧诸其形容，象其物宜⑨，是故谓之象。圣人有以见天下之动，而观其会通，以行其典礼，系辞焉以断其吉凶，是故谓之爻。极天下之赜者存乎卦，鼓天下之动者存乎

【注释】①缊：内涵。②形而上：存在于形体之上的，指精神。③形而下：存在于形体之下的，指物质。④化：融会其理。⑤裁：改造，控制。⑥错：通"措"，运用。⑦赜：杂乱。⑧拟：摹拟。⑨物宜：事物适宜的意义。

与经典同行　与圣人为伍

辞；化而裁之存乎变，推而行之存乎通，神而明之存乎其人。默而成之，不言而信，存乎德行。

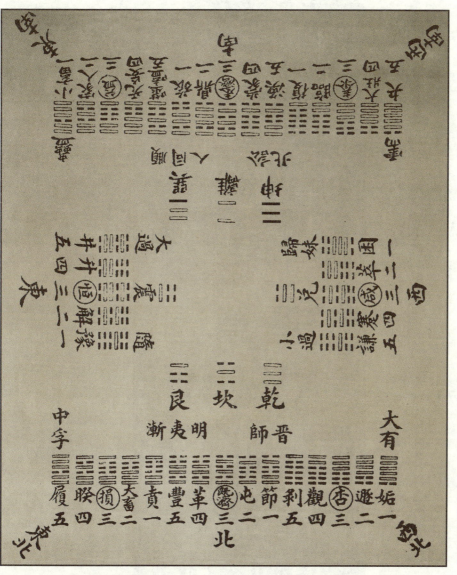

六十四致用之图　明·《来注易经图解》

系辞上传

华山仙掌图 明·谢时臣

系辞下传

三兆习吉图 清·《钦定书经图说》

第一章

八卦成列,象在其中矣。因而重之,爻在其中矣。刚柔相推,变在其中矣。系辞焉而命之,动在其中矣。

吉凶悔吝者,生乎动者也;刚柔者,立本者也;变通者,趣时①者也。吉凶者,贞胜者也;天地之道,贞观②者也;日月之道,贞明者也;天下之动,贞夫一③者也。

夫乾,确然示人易矣;夫坤,隤然④示人简矣。爻也者,效此者也;象也者,像此者也。爻象动乎内,吉

【注释】①趣时:趋时,顺应形势。趣同"趋",趋向。②贞观:正确昭示。③贞夫一:正于一。④隤然:柔顺地。

与经典同行　与圣人为伍

凶见(现)乎外,功业见(现)乎变,圣人之情见(现)乎辞。

天地之大德曰生,圣人之大宝曰位。何以守位?曰仁。何以聚人?曰财。理财正辞,禁民为非曰义。

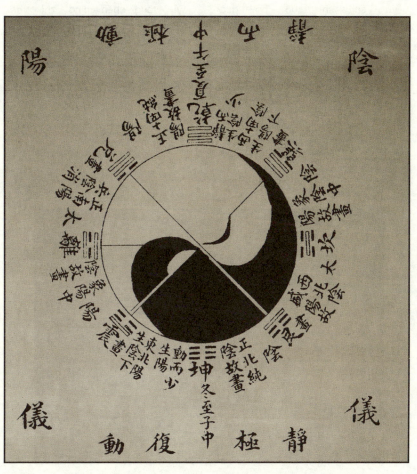

先天画卦图　明·《来注易经图解》

系辞下传

第二章

古者包牺氏①之王天下也,仰则观象于天,俯则观法于地,观鸟兽之文,与地之宜,近取诸身,远取诸物,于是始作八卦,以通神明之德,以类万物之情。作结绳而为罔罟②,以佃畋③以渔,盖取诸离④。

【注释】①包牺氏:即伏羲氏。包,本又作庖。②罔罟:取兽曰网,取鱼曰罟。③佃:即畋,狩猎。④离:离卦。以下同。

伏羲画八卦　清·《绘图二十四史演义》

与经典同行　与圣人为伍

包牺氏没(殁)，神农氏作，斲木为耜，揉(煣)木为耒，耒耨①之利，以教天下，盖取诸益。日中为市②，致天下之民，聚天下之货，交易而退，各得其所，盖取诸噬嗑。

神农氏没(殁)，黄帝、尧、舜氏作，通其变，使民不倦；神而化之，使民宜之。易穷则变，变则通，通则久。是以自天佑之，吉无不利。

【注释】①耒耨：耕种。耨，除草。②为市：做生意。

系辞下传

清·神农教民稼穑图
《绘图二十四史通俗演义》

289

黄帝、尧、舜，垂衣裳而天下治，盖取诸乾坤。

刳①木为舟，剡②木为楫，舟楫之利，以济不通，致远以利天下，盖取诸涣。

服③牛乘马，引重致远以利天下，盖取诸随。

重门击柝④，以待暴客，盖取诸豫。

【注释】①刳：挖空。②剡：削尖。③服：驾。④击柝：敲梆子，巡更。

清·《绘图二十四史通俗演义》 西陵氏教民始蚕

断木为杵,掘地为臼,臼杵之利,万民以济,盖取诸小过。

弦①木为弧,剡木为矢,弧矢之利,以威天下,盖取诸睽。

上古穴居而野处,后世圣人易之以宫室,上栋下宇,以待风雨,盖取诸大壮。

【注释】①弦:弯曲。

有巢构木为巢　清·《绘图二十四史通俗演义》

古之葬者，厚衣之以薪，葬之中野，不封①不树②，丧期无数，後世圣人易之以棺椁，盖取诸大过。

上古结绳而治，後世圣人易之以书契，百官以治，万民以察，盖取诸夬。

【注释】①封：垒土。②树：植树。

天皇定干支　明·《新刻按鉴编纂开辟衍绎通俗志传》

与经典同行　与圣人为伍

第三章

是故，易者象也。象也者，像也。彖①者，材〖裁〗②也。爻也者，效天下之动者也。是故，吉凶生，而悔吝著也。

【注释】①象：指卦辞，不是《象传》。②材：裁度。

造化象数体用之图　明·《来注易经图解》

第四章

阳卦多阴,阴卦多阳,其故何也?阳卦奇①,阴卦耦②。其德行何也?阳一君③而二民④,君子之道也;阴二君而一民,小人之道也。

【注释】①奇:单数。②耦:同"偶",双数。③一君:指阳画。④二民:指阴画。

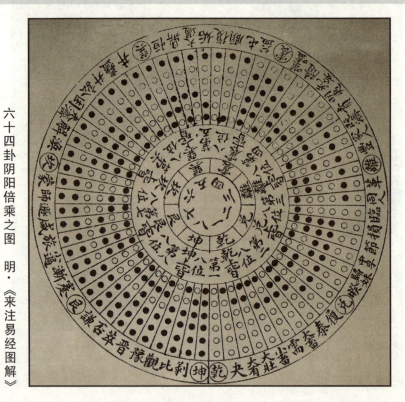

六十四卦阴阳倍乘之图　明·《来注易经图解》

与经典同行　与圣人为伍

第五章

《易》曰："憧憧往来，朋从尔思。"子曰："天下何思何虑？天下同归而殊涂，一致而百虑，天下何思何虑？日往则月来，月往则日来，日月相推而明生焉；寒往则暑来，暑往则寒来，寒暑相推而岁成焉。往者屈也，来者信（伸）①也，屈信（伸）相感而利生焉。尺蠖②之屈，以求信（伸）也；龙蛇之蛰③，以存身也。精义入神，以致用也；利用安身，以崇德也。过此以往，未之或知也。穷神知化，德之

系辞下传

【注释】①信：通伸。②尺蠖：一种昆虫，走起来一屈一伸的。③蛰：动物冬眠。

shèng yě
盛也。"

yì yuē kùn yú shí jù yú jí lí
《易》曰："困于石，据于蒺藜①，

rù yú qí gōng bú jiàn qí qī xiōng zǐ yuē
入于其宫，不见其妻，凶。"子曰：

fēi suǒ kùn ér kùn yān míng bì rǔ fēi suǒ jù ér
"非所困而困焉，名必辱；非所据而

jù yān shēn bì wēi jì rǔ qiě wēi sǐ qī jiāng
据焉，身必危。既辱且危，死期将

zhì qī qí kě dé jiàn yé
至，妻其可得见邪耶？"

【注释】①蒺藜：一种有刺的植物。

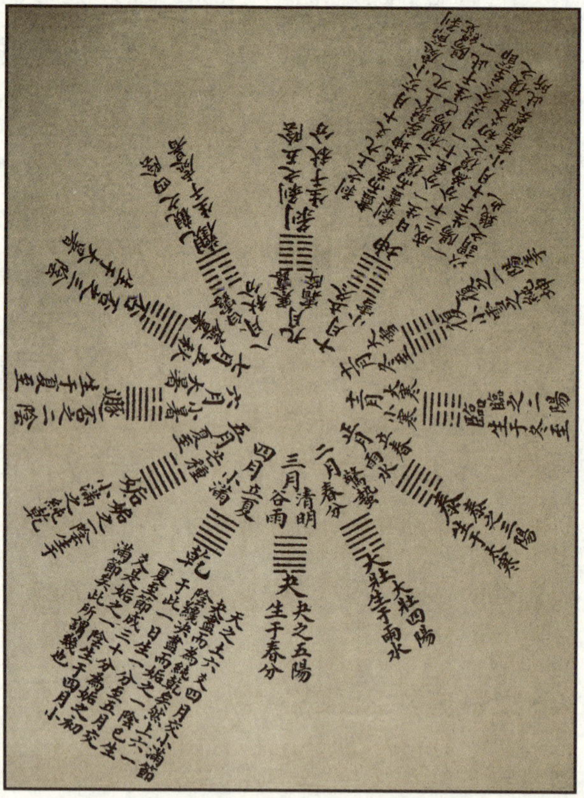

造化之机图 明·《来注易经图解》

《易》曰："公用射隼①于高墉之上，获之无不利。"子曰："隼者，禽也；弓矢者，器也；射之者，人也。君子藏器于身，待时而动，何不利之有？动而不括，是以出而有获。语成器而动者也。"

子曰："小人不耻不仁，不畏不义②，不见利不劝③，不威不惩④。小惩而大诫⑤，此小人之福也。《易》曰'屦校灭趾，无咎'，此之谓也。善不积，不足以成名；恶不积，不足以灭身。小人以小善为无益而弗为也，以小恶为无伤而弗去也。故恶积而

【注释】①隼：一种猛禽。②不畏不义：指不畏正理。③劝：勤勉。④惩：警戒。⑤诫：告诫。

不可掩，罪大而不可解。《易》曰：'何校灭耳，凶。'"

子曰："危者，安其位者也；亡者，保其存者也；乱者，有其治者也。是故，君子安而不忘危，存而不忘亡，治而不忘乱，是以身安而国家可保也。《易》曰：'其亡其亡，系于苞桑。'"

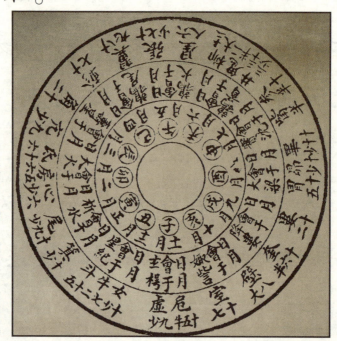

日月会次舍图 明·《来注易经图解》

与经典同行　与圣人为伍

子曰："德薄而位尊,知[智]①小而谋大,力小而任重,鲜不及矣。《易》曰：'鼎折足,覆公餗②,其形渥③,凶。'言不胜其任也。"

子曰："知几④其神乎？君子上交不谄⑤,下交不渎⑥,其知几乎？几者,动之微,吉之先见[现]者也。君子见几而作,不俟⑦终日。《易》曰：'介⑧于石,不终日,贞吉。'介于石焉,宁用终日？断可识矣！君子知微知彰,知柔知刚,万夫之望。"

子曰："颜氏之子,其殆⑨庶几⑩乎？有不善,未尝不知；知之,未尝

系辞下传

【注释】①知：同"智"。②餗：稀饭。③渥：沾濡龌龊。④几：几微,事物的苗头。⑤谄：谄媚,巴结。⑥渎：轻慢,马虎。⑦俟：等到。⑧介：耿介。⑨殆：大概。⑩庶几：差不多。

299

復行也。《易》曰：'不远復，无衹悔①，元吉。'"

"天地絪縕②，万物化醇。男女构精，万物化生。《易》曰：'三人行，则损一人；一人行，则得其友。'言致一也。"

【注释】①衹悔：大悔。②絪缊：同"氤氲"，指阴阳交感。

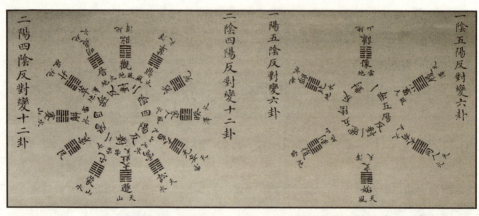

六十四卦反对变图之一　元·《大易象数钩深图》

子曰："君子安其身而後动，易其心而後语，定其交而後求。君子修此三者，故全也。危以动，则民不与也；惧以语，则民不应也；无交而求，则民不与也。莫之与，则伤之者至矣。《易》曰：'莫益之，或击之，立心勿恒，凶。'"

六十四卦反对变图之二　元·《大易象数钩深图》

第六章

子曰："乾坤，其《易》之门邪耶？"乾，阳物也；坤，阴物也。阴阳合德而刚柔有体，以体天地之撰①，以通神明之德。其称名②也，杂而不越③。于稽④其类，其衰世之意邪耶？

夫《易》，彰往而察来，而微显阐幽⑤，开⑥而当名，辨物正言，断辞则备矣。其称名也小，其取类也大。其旨远，其辞文，其言曲而中，其事肆而隐。因贰⑦以济民行，以明失得之报。

【注释】①撰：营作。②称名：卦爻辞所称述的物象之名。③越：逾越。④稽：考察。⑤微显阐幽：应为显微阐幽，显示精深，阐发幽隐。⑥开：开释，解释。⑦贰：指阴、阳两方面的道理。

与经典同行　与圣人为伍

第七章

《易》之兴也，其于中古乎！作《易》者，其有忧患乎！

是故，履①，德之基也；谦，德之柄也；复，德之本也；恒，德之固也；损，德之修也；益，德之裕也；困，德之辨也；井，德之地也；巽，德之制也。

履，和而至；谦，尊而光；复，小而辨于物；恒，杂而不厌；损，先难而后易；益，长裕②而不设③；困，穷而通；井，居其所而迁；巽，称④而隐。

【注释】①履：卦名，下同。②裕：有助于人。③设：自我称赏，也可作虚设、造作解。④称：合乎道德要求。

履,以和行;谦,以制礼;復,以自知;恒,以一德;损,以远害;益,以兴利;困,以寡怨;井,以辨义;巽,以行权。

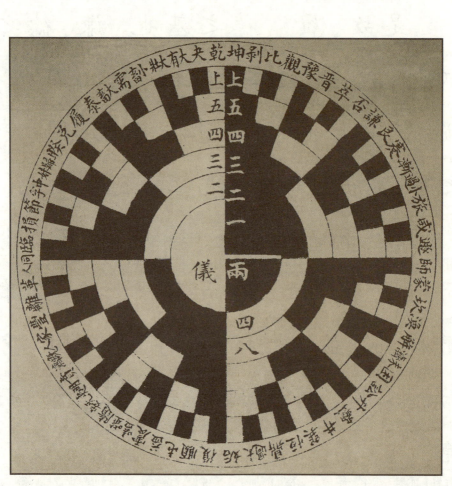

六十四卦生自两仪图　明·《来注易经图解》

第八章

《易》之为书也不可远，为道也屡迁。变动不居①，周流六虚②，上下无常，刚柔相易，不可为典要③，唯变所适。其出入以度，外内使知惧，又明于忧患与故，无有师保④，如临父母。初率其辞而揆其方⑤，既有典常。苟非其人，道不虚行。

【注释】①居：停留。②六虚：六个虚着的爻位。③典要：固定的法则。④师保：师与保，古代教育贵族子弟的专职人员。⑤揆其方：揆度它的法则。

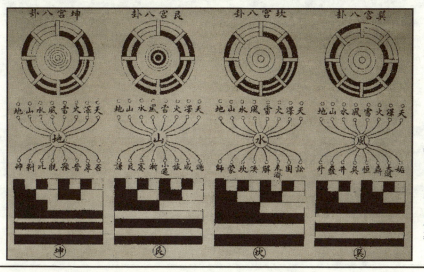

八卦加八卦方圆图之一
明·《来注易经图解》

第九章

《易》之为书也,原始①要终②,以为质③也。六爻相杂,唯其时物④也。其初难知,其上易知,本末也。初辞拟之,卒成之终。

【注释】①原始:推究开始。②要终:求得结果。③质:卦体。④时物:时机与物象。

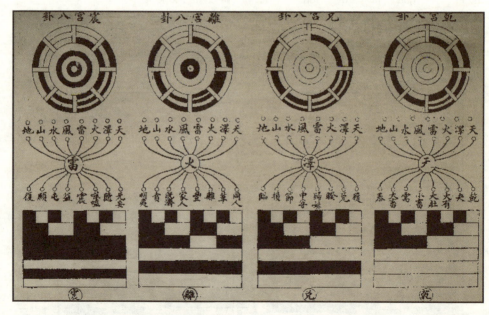

八卦加八卦方圆图之二　明·《来注易经图解》

若夫杂物撰德①，辨是与非，则非其中爻②不备。噫！亦要存亡吉凶，则居③可知矣。知(智)者观其象辞④，则思过半矣。二与四，同功而异位，其善⑤不同，二多誉，四多惧，近也⑥。柔之为道，不利远者，其要无咎，其用柔中也。三与五，同功而异位，三多凶，五多功，贵贱之等也。其柔危，其刚胜邪(耶)？

【注释】①撰德：具列德性。②中爻：中间的爻位。③居：坐着不动。④象辞：卦辞。⑤善：优点。⑥近也：指接近至尊的第五个爻位。以臣近君，所以多惧。

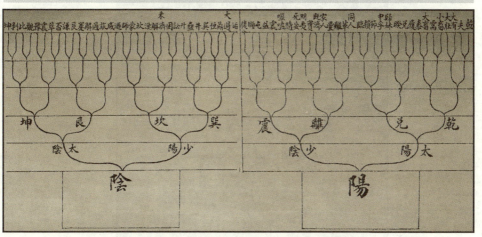

伏羲六十四卦次横图　明·《来注易经图解》

第十章

《易》之为书也，广大悉备，有天道焉，有人道焉，有地道焉。兼三才①而两之，故六。六者非它也，三才之道也。道有变动，故曰爻；爻有等②，故曰物；物相杂，故曰文；文不当，故吉凶生焉。

【注释】①三才：天、地、人。②等：等级，类别。

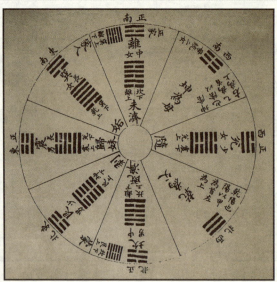

重易六爻图　元·《大易象数钩深图》

第十一章

《易》之兴也,其当殷之末世、周之盛德邪(耶)?当文王与纣之事邪(耶)?是故其辞危①。危者使平,易者使倾。其道甚大,百物不废②。惧以终始,其要无咎。此之谓《易》之道也。

【注释】①危:有危机感。②不废:不休。废,衰败。

羲图之竖图 明·《来注易经图解》

第十二章

夫乾，天下之至健也，德行恒易①以知险②；夫坤，天下之至顺也，德行恒简以知阻。能说(悦)诸心，能研诸侯之③虑，定天下之吉凶，成天下之亹亹者。

【注释】①易：平易。②险：艰险。③侯之：当为衍文。

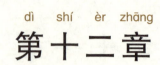

八卦司化图 元·《大易象数钩深图》

与经典同行　与圣人为伍

是故，变化云为①，吉事有祥，象事知器，占事知来。天地设位，圣人成能。人谋鬼谋，百姓与能。八卦以象告，爻彖以情言，刚柔杂居，而吉凶可见[现]矣！变动以利言，吉凶以情迁。是故爱恶相攻而吉凶生，远近相取而悔吝生，情伪②相感而利害

【注释】①云为：有为。②情伪：真假。

系辞下传

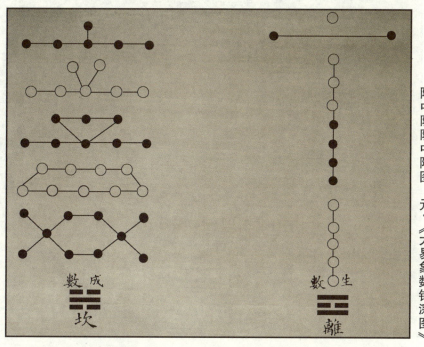

阳中阴阴中阳图　元·《大易象数钩深图》

生。凡易之情，近而不相得则凶，或害之，悔且吝。

将叛者，其辞惭，中心疑者其辞枝，吉人之辞寡，躁人之辞多，诬善之人其辞游，失其守者其辞屈。

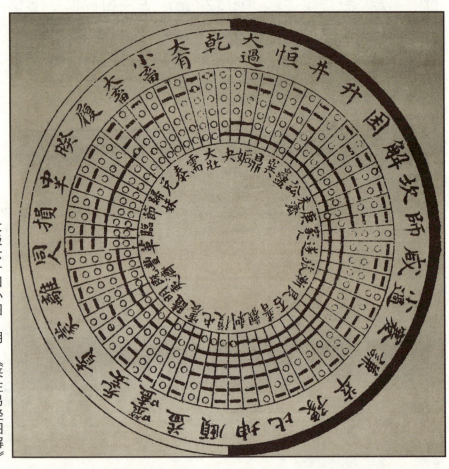

太极六十四卦图 明·《来注易经图解》

说卦传

东山丝竹图 元·佚名

纳锡大龟图　清·《钦定书经图说》

第一章

昔者圣人之作《易》也，幽赞①于神明而生蓍②，参天两地③而倚数④，观变于阴阳而立卦，发挥于刚柔而生爻，和顺于道德而理于义，穷理尽性以至于命。

【注释】①幽赞：暗中协助。②生蓍：用蓍草求卦。③参天两地：意思是天数为奇，地数为偶。④倚数：倚以立数。

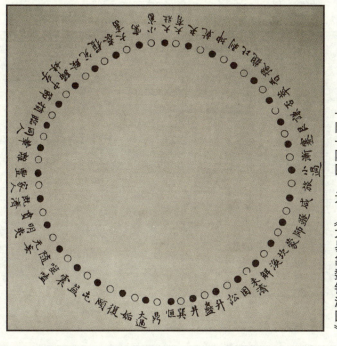

一阴一阳图 元·《大易象数钩深图》

第二章

昔者圣人之作《易》也，将以顺性命之理。是以立天之道，曰阴与阳；立地之道，曰柔与刚；立人之道，曰仁与义。兼三才而两之，故《易》六画而成卦；分阴分阳，迭用柔刚，故易六位而成章。

阳卦顺生图 元·《大易象数钩深图》

与经典同行　与圣人为伍

第三章

tiān dì dìng wèi　shān zé tōng qì　léi fēng xiāng bó
天地定位，山泽通气，雷风相薄①，
shuǐ huǒ bù xiāng shè　bā guà xiāng cuò　shù wǎng zhě
水火不②相射，八卦相错。数往者
shùn　zhī lái zhě nì　shì gù yì nì shù yě
顺，知来者逆，是故《易》逆数③也。

【注释】①薄：逼近，交相潜入、应和之义。②不：当为衍文。③逆数：指在《易经》中，六爻是由下往上数的。

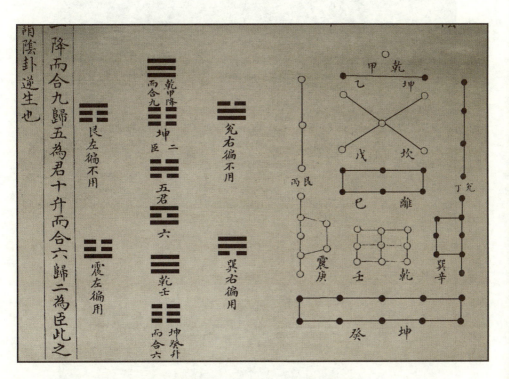

阴卦逆生图　元·《大易象数钩深图》

第四章

雷以动之,风以散之;雨以润之,日以烜①之;艮以止之,兑以说[悦]之;乾以君之,坤以藏之。

【注释】①烜:晒。

二室翻经图 明·《程氏墨苑》

第五章

帝①出乎震,齐乎巽,相见乎离,致役②乎坤,说(悦)言乎兑,战乎乾,劳乎坎,成言乎艮。

万物出乎震,震,东方也。齐乎巽,巽,东南也;齐也者,言万物之絜(洁)齐也。离也者,明也,万物皆相见,南方之卦也;圣人南面而听天下,向明而治,盖取诸此也。

【注释】①帝:天帝,或元气。②役:从事。

帝出震图 明·《来注易经图解》

坤也者,地也,万物皆致养焉,故曰致役乎坤。兑,正秋也,万物之所说(悦)也,故曰说(悦)言乎兑。战乎乾,乾,西北之卦也,言阴阳相薄也。坎者,水也,正北方之卦也,劳卦也,万物之所归①也,故曰劳乎坎。艮,东北之卦也,万物之所成终而所成始也,故曰成言乎艮。

【注释】①归:归藏休息。

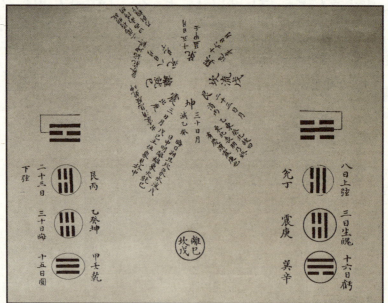

八卦纳甲图 元·《大易象数钩深图》

第六章

神也者,妙万物而为言者也。动万物者莫疾乎雷;桡①万物者,莫疾乎风;燥万物者,莫熯②乎火;说[悦]万物者,莫说[悦]乎泽;润万物者,莫润乎水;终万物始万物者,莫盛乎艮。故水火相逮③,雷风不相悖④,山泽通气,然後能变化,既成万物也。

【注释】①桡:同"挠",弯曲。这里指吹拂万物,或使舒發或使摧折。②熯:炽热。③逮:及。④悖:排斥。

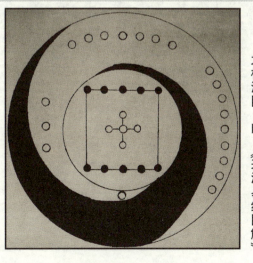

太极河图 明·《来注易经图解》

第七章

乾,健也;坤,顺也;震,动也;巽,入也;坎,陷也;离,丽也;艮,止也;兑,说(悦)也。

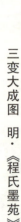

三变大成图 明·《程氏墨苑》

第八章

乾为马,坤为牛,震为龙,巽为鸡,坎为豕,离为雉,艮为狗,兑为羊。

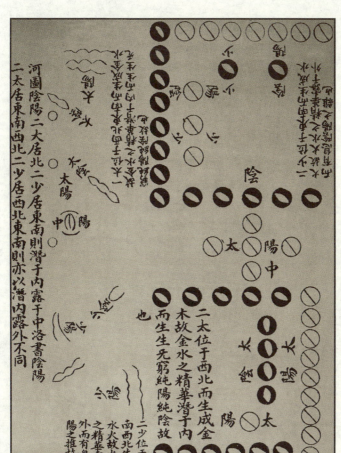

河洛阴阳生成纯杂图 明·《来注易经图解》

第九章

乾为首,坤为腹,震为足,巽为股,坎为耳,离为目,艮为手,兑为口。

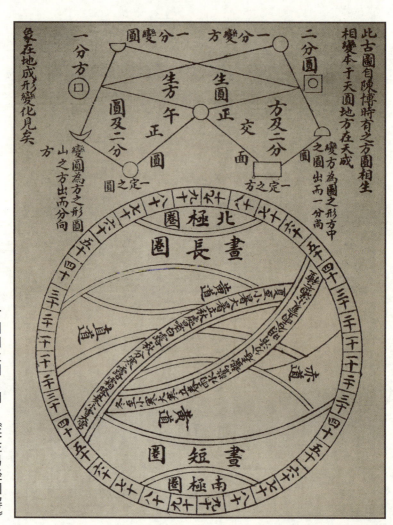

方圆相生图 明·《来注易经图解》

第十章

乾，天也，故称父；坤，地也，故称母；震一索①而得男，故谓之长男②。巽一索而得女，故谓之长女③；坎再索而得男，故谓之中男；离再索而得女，故谓之中女；艮三索而得男，故谓之少男；兑三索而得女，故谓之少女。

【注释】①一索：求之于第一爻。索，求合。②男：阳。③女：阴。

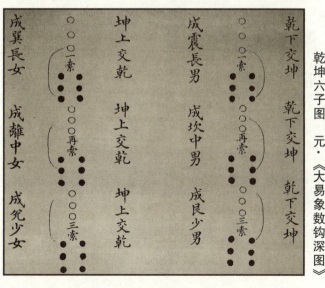

乾坤六子图 元·《大易象数钩深图》

第十一章

乾为天，为圜，为君，为父，为玉，为金，为寒，为冰，为大赤①，为良马，为老马，为瘠马，为驳马，为木果。

坤为地，为母，为布，为釜，为吝啬②，为均③，为子母牛④，为大舆，为文，为众，为柄，其于地也为黑。

震为雷，为龙，为玄黄，为旉⑤，为大涂⑥，为长子，为决躁⑦，为苍筤竹，为萑苇⑧。其于马也，为善鸣，为馵足⑨，为作足⑩，为的颡⑪。其于稼

【注释】①大赤：大红，喻盛阳之色。②吝啬：指地矿深藏不露。③均：无有厚薄。④子母牛：指蕃育而顺。⑤旉：花朵。⑥涂：通"途"。⑦决躁：刚决躁动。⑧萑苇：兼葭。⑨馵足：马後左脚毛白。⑩作足：举蹄腾跳。⑪的颡：白额头。

也，为反生①。其究为健，为蕃鲜②。巽为木，为风，为长女，为绳直，为工，为白，为长，为高，为进退，为不果，为臭③。其于人也，为寡发，为广颡，为多白眼，为近利市三倍。其究为躁卦④。

【注释】①反生：种子顶着果壳生长。②蕃鲜：茂盛鲜明。③臭：气味。④躁卦：好动的卦。

八卦变六十四卦图之一 元·《大易象数钩深图》

坎为水，为沟渎，为隐伏，为矫揉①，为弓轮。其于人也，为加忧，为心病，为耳痛，为血卦，为赤。其于马也，为美脊，为亟心②，为下首，为薄蹄，为曳③。其于舆也，为多眚④，为通，为月，为盗。其于木也，为坚多心。

【注释】①矫揉：矫是变曲为直，揉是变直为曲。②亟心：焦急的心。③曳：拖曳，走不动。④多眚：多灾。

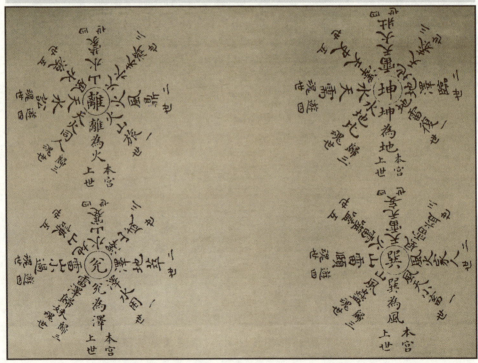

八卦变六十四卦图之二　元·《大易象数钩深图》

与经典同行　与圣人为伍

离为火，为日，为电，为中女，为甲胄，为戈兵。其于人也，为大腹；为干卦①；为鳖，为蟹，为蠃螺②，为蚌，为龟。其于木也，为科上槁③。

艮为山，为径路，为小石，为门阙，为果蓏④，为阍寺⑤，为指，为狗，为鼠，为黔喙⑥之属。其于木也，为坚多节。

兑为泽，为少女，为巫，为口舌，为毁折，为附决。其于地也，为刚卤⑦，为妾，为羊。

【注释】①干卦：干燥的卦。②蠃：螺。③科：借为棵，树干。④蓏：瓜类植物之果实。⑤阍寺：阍人和寺人。阍人是守宫门的，寺人即太监。⑥黔喙：黑嘴，借指猛禽。⑦刚卤：坚硬而贫瘠。

说卦传

六十四卦卦气图 元·《大易象数钩深图》

序卦传

洞天山堂图 金·佚名

有天地，然后万物生焉。盈天地之间者，唯万物，故受之以《屯》。

屯者，盈也。屯者，物之始生也。物生必蒙[1]，故受之以《蒙》。

蒙者，蒙也，物之稚也。物稚不可不养也，故受之以《需》。

需者，饮食之道也。饮食必有讼，故受之以《讼》。

讼[2]，必有众起，故受之以《师》。

师者，众也。众必有所比[3]，故受之以《比》。

比者，比也。比必有所畜也，故受之以《小畜》。

物畜然后有礼，故受之以《履》。

【注释】①蒙：蒙昧，幼稚。②讼：争论。③比：联系。

履而泰，然後安，故受之以《泰》。

泰者，通也。物不可以終通，故受之以《否》①。

物不可以終否，故受之以《同人》。

與人同者，物必歸焉，故受之以《大有》。

有大者，不可以盈，故受之以《謙》。有大而能謙必豫，故受之以《豫》。

豫必有隨，故受之以《隨》。

以喜隨人者必有事，故受之以《蠱》②。

【注释】①否：倒霉。②蠱：本义是毒虫，引申为迷惑。

蛊者，事也。有事而後可大，故受之以《临》。

临者，大也。物大然後可观，故受之以《观》。

可观而後有所合，故受之以《噬嗑》。

嗑者，合也。物不可以苟①合而已，故受之以《贲》。

【注释】①苟：随便。

魏武梦三马同槽　清·《绘图二十四史通俗演义》

贲者，饰也。致饰然後亨则尽矣，故受之以《剥》。

剥者，剥也。物不可以终尽剥，穷上反下，故受之以《復》。

復则不妄矣，故受之以《无妄》。

有无妄然後可畜，故受之以《大畜》。

物畜然後可养，故受之以《颐》。

颐者，养也。不养则不可动，故受之以《大过》。

物不可以终过，故受之以《坎》。

坎者，陷也。陷必有所丽，故受之以《离》。

离者,丽也。有天地,然後有万物;有万物,然後有男女;有男女,然後有夫妇;有夫妇,然後有父子;有父子,然後有君臣;有君臣,然後有上下;有上下,然後礼仪有所错①。

夫妇之道,不可以不久也,故受之以恒。

恒者,久也。物不可以久居其所,故受之以《遯》。

遯者,退也。物不可以终遯,故受之以《大壮》。

物不可以终壮,故受之以《晋》。

【注释】①错:通"措",安排。②乖:背离,违背。

晋者，进也。进必有所伤，故受之以《明夷》。

夷者，伤也。伤于外者必反(返)其家，故受之以《家人》。

家道穷必乖②，故受之以《睽》。

睽者，乖也。乖必有难，故受之以《蹇》。

蹇者，难也。物不可以终难，故受之以《解》。

盘古开辟天地图　清·《绘图二十四史通俗演义》

解者,缓也。缓必有所失,故受之以《损》。

损而不已,必益,故受之以《益》。

益而不已必决,故受之以《夬》。

夬者,决也。决必有所遇,故受之以《姤》。

姤者,遇也。物相遇而後聚,故受之以《萃》。

萃者,聚也。聚而上者谓之升,故受之以《升》。

升而不已,必困,故受之以《困》。

困乎上者必反(返)下,故受之以《井》。

井道不可不革，故受之以《革》。

革物者莫若鼎，故受之以《鼎》。

主器者莫若长子，故受之以《震》。

震者，动也。物不可以终动，止之，故受之以《艮》。

艮者，止也。物不可以终止，故受之以《渐》。

渐者，进也。进必有所归，故受之以《归妹》。

得其所归者必大，故受之以《丰》。

丰者，大也。穷大者必失其居，故受之以《旅》。

旅而无所容，故受之以《巽》。

巽者，入也。入而後说(悦)之，故受之以《兑》。

兑者，说(悦)也。说(悦)而後散之，故受之以《涣》。

涣者，离也。物不可以终离，故受之以《节》。

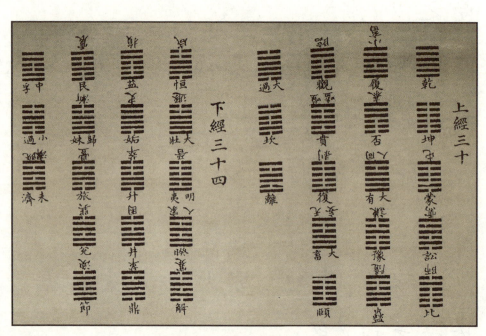

序卦图　元·《大易象数钩深图》

与经典同行　与圣人为伍

节而信之，故受之以《中孚》。

有其信者必行之，故受之以《小过》。

有过物者，必济，故受之以《既济》。

物不可穷也，故受之以《未济》终焉。

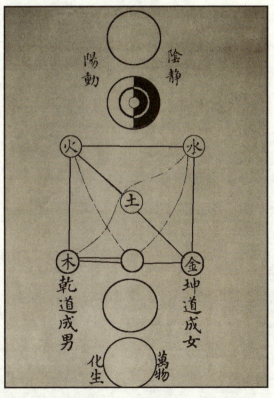

易有太极图　元·《大易象数钩深图》

序卦传

研朱点易图 明·佚名

杂卦传[①]

【注释】①《杂卦传》杂取六十四卦加以解说。

秋舸清啸图 元·盛懋

乾刚坤柔，比乐师忧。临、观之义，或与或求。屯见(现)而不失其居①。蒙杂而著。震，起也。艮，止也。损、益，盛衰之始也。大畜，时也。无妄，灾也。萃聚而升不来也。谦轻而豫怠②也。噬嗑，食也。贲，无色也。兑见(现)而巽伏也。随，无故也。蛊则饬也。剥，烂也。复，反(返)也。晋，昼也。明夷，诛也。井通，而困相遇也。咸，

【注释】①居：位置。②豫怠：犹豫懈怠。

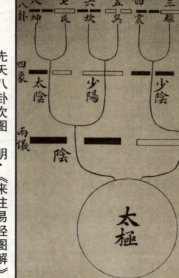

先天八卦次图　明·《来注易经图解》

与经典同行　与圣人为伍

速（sù）也（yě）。恒（héng），久（jiǔ）也（yě）。涣（huàn），离（lí）也（yě）。节（jié），止（zhǐ）也（yě）。解（jiě），缓（huǎn）也（yě）。蹇（jiǎn），难（nán）也（yě）。睽（kuí），外（wài）也（yě）。家人（jiā rén），内（nèi）也（yě）。否（pǐ）、泰（tài），反（fǎn）其（qí）类（lèi）也（yě）。大壮（dà zhuàng）则（zé）止（zhǐ），遁（dùn）则（zé）退（tuì）也（yě）。大有（dà yǒu），众（zhòng）也（yě）。同人（tóng rén），亲（qīn）也（yě）。革（gé），去（qù）故（gù）也（yě）。鼎（dǐng），取（qǔ）新（xīn）也（yě）。小过（xiǎo guò），过（guò）也（yě）。中孚（zhōng fú），信（xìn）也（yě）。丰（fēng），多（duō）故（gù）也（yě）。亲（qīn）

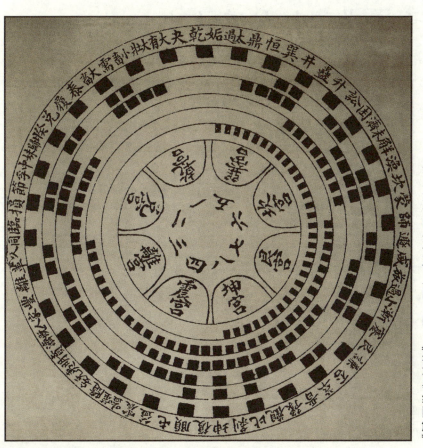

先天六十四卦方位之图　明·《来注易经图解》

杂卦传

345

寡，旅也；离上而坎下也。小畜，寡也。履，不处也。需，不进也。讼，不亲也。大过，颠也。姤，遇也，柔遇刚也。渐，女归①待男行也。颐，养正也。既济，定也。归妹，女之终也。未济，男之穷也。夬，决也，刚决柔也；君子道长，小人道忧也。

【注释】①女归：女子出嫁。

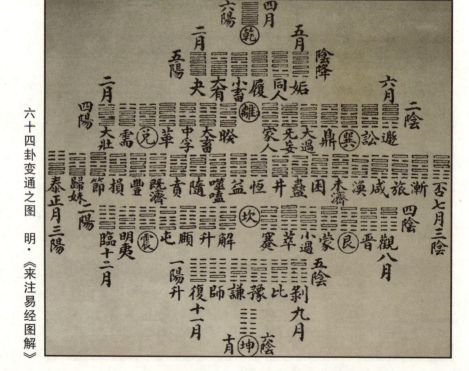

六十四卦变通之图　明·《来注易经图解》

附录一

周易本义卦歌（三种）

（一）八卦取象歌

☰ 乾(qián)三(sān)连(lián)　☷ 坤(kūn)六(liù)断(duàn)　☳ 震(zhèn)仰(yǎng)盂(yú)
☶ 艮(gèn)覆(fù)碗(wǎn)　☲ 离(lí)中(zhōng)虚(xū)　☵ 坎(kǎn)中(zhōng)满(mǎn)
☱ 兑(duì)上(shàng)缺(quē)　☴ 巽(xùn)下(xià)断(duàn)

（二）分宫卦象次序歌

乾(qián)为(wéi)天(tiān)　天(tiān)风(fēng)姤(gòu)　天(tiān)山(shān)遁(dùn)　天(tiān)地(dì)否(pǐ)
　　　　　　风(fēng)地(dì)观(guān)　山(shān)地(dì)剥(bō)　火(huǒ)地(dì)晋(jìn)
　　　　　　火(huǒ)天(tiān)大(dà)有(yǒu)

读经诵典　受益匪浅

坎为水 (kǎn wéi shuǐ)
水泽节 (shuǐ zé jié)　水雷屯 (shuǐ léi zhūn)　水火既济 (shuǐ huǒ jì jì)
泽火革 (zé huǒ gé)　雷火丰 (léi huǒ fēng)　地火明夷 (dì huǒ míng yí)
地水师 (dì shuǐ shī)

艮为山 (gèn wéi shān)
山火贲 (shān huǒ bì)　山天大畜 (shān tiān dà xù)　山泽损 (shān zé sǔn)
火泽睽 (huǒ zé kuí)　天泽履 (tiān zé lǚ)　风泽中孚 (fēng zó zhōng fú)
风山渐 (fēng shān jiàn)

震为雷 (zhèn wéi léi)
雷地豫 (léi dì yù)　雷水解 (léi shuǐ jiě)　雷风恒 (léi fēng héng)
地风升 (dì fēng shēng)　水风井 (shuǐ fēng jǐng)　泽风大过 (zé fēng dà guò)
泽雷随 (zé léi suí)

巽为风 (xùn wéi fēng)
风天小畜 (fēng tiān xiǎo xù)　风火家人 (fēng huǒ jiā rén)
风雷益 (fēng léi yì)　天雷无妄 (tiān léi wú wàng)
火雷噬嗑 (huǒ léi shì hé)　山雷颐 (shān léi yí)　山风蛊 (shān fēng gǔ)

离为火 (lí wéi huǒ)
火山旅 (huǒ shān lǚ)　火风鼎 (huǒ fēng dǐng)　火水未济 (huǒ shuǐ wèi jì)
山水蒙 (shān shuǐ méng)　风水涣 (fēng shuǐ huàn)　天水讼 (tiān shuǐ sòng)
天火同人 (tiān huǒ tóng rén)

与经典同行　与圣人为伍

坤为地　地雷復　地泽临　地天泰
　　　　雷天大壮　泽天夬　水天需
　　　　水地比

兑为泽　泽水困　泽地萃　泽山咸
　　　　水山蹇　地山谦　雷山小过
　　　　雷泽归妹

（三）上下经卦名次序歌

乾坤屯蒙需讼师　比小畜兮履泰否
同人大有谦豫随　蛊临观兮噬嗑贲
剥復无妄大畜颐　大过坎离三十备
咸恒遁兮及大壮　晋与明夷家人睽
蹇解损益夬姤萃　升困井革鼎震继
艮渐归妹丰旅巽　兑涣节兮中孚至
小过既济兼未济　是为下经三十四

附录一

349

附录二

周易本义图书(八种)

(一) 河图　　(二) 洛书

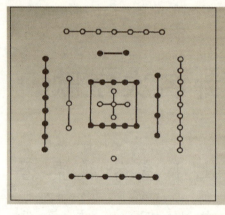
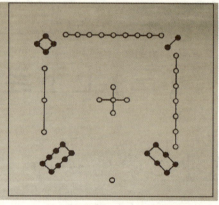

《系辞传》曰:"河出《图》,洛出《书》,圣人①则之。"又曰:"天一,地二,天三,地四,天五,地六,天七,地八,天九,地十;天数五,地数五,五位相得而各有合。天数二十有五,地数三十,凡天

【注释】①圣人:指孔子。

与经典同行　与圣人为伍

地之数五十有五，此所以成变化，而行鬼神也。"此《河图》之数也。《洛书》盖取龟象，故其数戴九履一，左三右七，二四为肩，六八为足。

蔡元定①曰："《图》、《书》之象，自汉孔安国②、刘歆③，魏关朗④子明，有宋康节先生——邵雍⑤尧夫，皆谓如此，至刘牧始两易其名，而诸家因之，故今復之，悉从其旧。"

【注释】①蔡元定：南宋著名的理学家，对程朱理学的形成有重要贡献。②孔安国：西汉经学家，孔子的後裔。③刘歆：西汉末著名的古文经学家，曾任王莽的"国师"。④关朗：北魏时人，字子明，据说曾撰有一本《易传》。⑤邵雍：北宋著名的哲学家，字尧夫，死後谥康节。

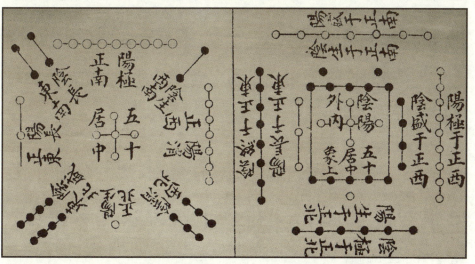

洛书日月交　河图天地交图　明·《来注易经图解》

(三)伏羲八卦次序

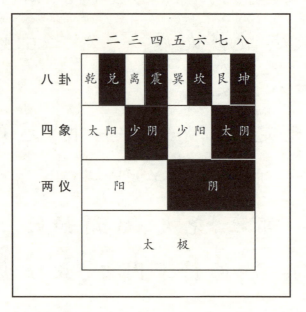

《系辞传》曰:"易有太极,是生两仪,两仪生四象,四象生八卦。"邵子[①]曰:"一分为二,二分为四,四分为八也。"《说卦传》曰:"易,逆数也。"邵子曰:"乾一,兑二,离三,震四,巽五,坎六,艮七,坤八。自乾至坤,皆得未生之卦,若逆推四时之比也。"後六十四卦次序放仿此。

【注释】①邵子:即邵雍。

(四)伏羲八卦方位

《说卦传》曰:"天地定位,山泽通气,雷风相薄,水火不相射;八卦相错,数往者顺,知来者逆。"邵子曰:"乾南,坤北,离东,坎西,震东北,兑东南,巽西南,艮西北。自震至乾为顺,自巽至坤为逆。"

(五) 伏羲六十四卦次序

六十四卦	三十二卦	十六卦	八卦	四象	两仪
坤 剥 比 观 豫 晋 萃 否	坤	太阴	坤	太阴	阴
谦 艮 蹇 渐 小过 旅 咸 遁	艮		艮		
师 蒙 坎 涣 解 未济 困 讼	坎	少阳	坎		
升 蛊 井 巽 恒 鼎 大过 姤	巽		巽		
复 颐 屯 益 震 噬嗑 随 无妄	震	少阴	震	少阳	
明夷 贲 既济 家人 丰 离 革 同人	离		离		
临 损 节 中孚 归妹 睽 兑 履	兑	太阳	兑		阳
泰 大畜 需 小畜 大壮 大有 夬 乾	乾		乾	太阳	

太极

因伏羲次序图，即《系辞传》所谓"八卦成列"者。此图，即《系辞传》所谓"八卦成列"者。此图各以其序，上三画为所谓"八卦"者。故下三画，则所谓"八卦"者。故下三画，则各衍而八之也；若逐爻渐生，则邵子所谓"八分为十六，十六分为三十二，三十二分为六十四"者，尤见法象自然之妙也。

（六）伏羲六十四卦方位图

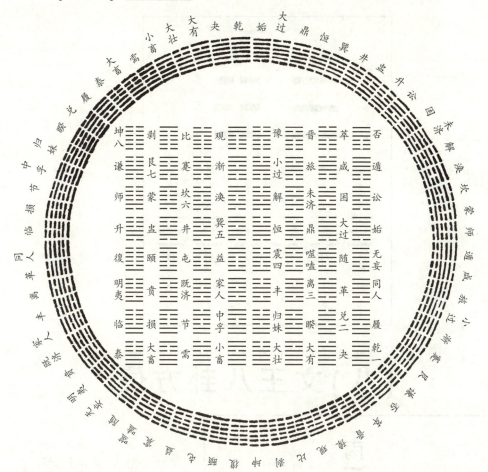

伏羲四图，其说皆出邵氏。盖邵氏得之李之才挺之，挺之得之穆修伯长，伯长得之华山希夷先生陈抟图南者，所谓"先天之学"也。此图圆布者，乾尽午中，坤尽子中，离尽卯中，坎尽酉中；阳生于子中，极于午中，阴生于午中，极于子中；其阳在南，其阴在北。方布者，乾始于西北，坤尽于东南；其阳在北，其阴在南。此二者，阴阳对待之数。圆于外者为阳，方于中者为阴；圆者动而为天，方者静而为地者也。

读经诵典　受益匪浅

(七) 文王八卦次序

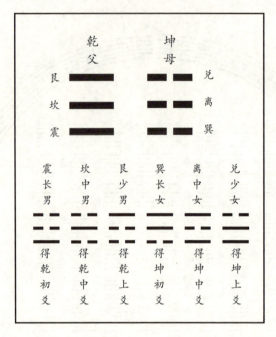

(八) 文王八卦方位

见《说卦》。邵子曰:"此文王之卦,乃入用之位,後天之学也。"

神龟出洛之瑞图·《新锲纂集诸家全书大成断易天机》

"尚雅" 国学经典书系

中华传统蒙学精华注音全本

书 名	定价	书 名	定价	书 名	定价
三字经·百家姓·千字文	24元	龙文鞭影	32元	千家诗	28元
孙子兵法·三十六计	24元	五字鉴	30元	幼学琼林	33元
孝经·弟子规·增广贤文	24元	声律启蒙·笠翁对韵	25元	菜根谭	25元

中华传统文化经典注音全本

辑	书 名	定价	书 名	定价	辑	书 名	定价	书 名	定价
第一辑	庄子(全二册)	60元	楚辞	35元	第二辑	唐诗三百首	40元	礼记(全二册)	80元
	宋词三百首	40元	易经	38元		诗经(全二册)	60元	国语	68元
	元曲三百首	36元	尚书	45元		论语	30元	老子·大学·中庸	28元
	尔雅	34元	山海经	38元		周礼	42元		
	孟子	42元				仪礼	45元		
第三辑	春秋公羊传		荀子		第四辑	春秋左传	元	后汉书	
	春秋穀梁传		黄帝内经			战国策		三国志	
	武经七书	40元	管子			文选		资治通鉴	
	古文观止(全二册)		墨子			史记		聊斋志异全图	
	吕氏春秋					汉书			

中华古典文学名著注音全本

书 名	定价	书 名	定价
绣像东周列国志 (全三册)	188元	绣像西游记 (全三册)	198元
绣像三国演义 (全三册)	188元	绣像儒林外史	
绣像水浒传 (全四册)	218元	绣像西厢记	
绣像红楼梦 (全四册)	238元		

中华传统文化经典注音全本(口袋本)

书 名	定价	书 名	定价	书 名	定价	书 名	定价
论语	15元	诗经	25元	庄子	20元	国语	20元
孟子	19元	唐诗三百首	15元	楚辞	12元	武经七书	17元
三字经·百家姓·千字文	15元	千家诗	11元	宋词三百首	16元	周礼	12元
		易经	16元	元曲三百首	13元	仪礼	11元
声律启蒙·笠翁对韵	15元	尚书	14元	幼学琼林	14元	春秋公羊传	18元
		老子·大学·中庸	14元	龙文鞭影	10元	春秋穀梁传	18元
孝经·弟子规·增广贤文	12元	五字鉴·菜根谭	14元	尔雅	12元	古诗源	20元
		孙子兵法·三十六计	9元	山海经	18元	盐铁论	12元

服务地址：

① 广州市海珠区建基路 85、87 号广东省图书批发市场 304 档 B
广东智文科教图书有限公司(510230)
咨询热线： (020) 34218210 34218090
传　真： (020) 34297602

② 南京市四牌楼 2 号东南大学出版社
咨询热线： (025) 83795802
传　真： (025) 57711295